出口王仁三郎聖師
（昭和6年12月19日、愛媛県「新居浜分院」にて）

出口王仁三郎聖師

皇道大本の信仰

出口王仁三郎

出版に就いて

本書は昭和九年五月十六日に発行された『皇道大本の信仰』＝出口王仁三郎＝（東方書院編集・有隣書院発行発売、日本宗教講座・第五回配本、全70頁）を宗教の研修資料として発行しました。

この出典は定かではありませんが、出口王仁三郎聖師の講演、或は『大本略史』『大本開祖伝』『人類愛善新聞』……などに類似の項目が見受けられます。

当時の「大本」は「皇道大本」と称し、大発展期に当り、信徒会員賛同者は八百万とも一千万ともいわれる。綾部亀岡の神苑の建設、教典機関誌等の出版、人類愛善会の設立、人類愛善新聞の発行、宗教提携、エスペラントの採用、芸術の奨励、昭和青年会、昭和坤生会、昭和神聖会の設立、内外の組織運動体制を拡充して活発な宣教が展開され、日本国内、樺太、台湾はじめ世界各国（五大州）の現地人自身による支部分苑が次々に設立され大きな反響を与えて行きました。

世界は人文が発達し個人主義や自己主義から生存競争が激化し、次第に国と国の競争へと拡大します。各国の海外進出、欧米のアジアへの侵攻、大陸では反日感情が高まり昭和六年（西暦一九三一年《いくさのはじまるとし》、皇紀二五九一年《じごくのはじめのとし》）年九月十八日には、日中の軍隊が衝突する「満州事変」、昭和十二（1937）年七月七日に起きた「盧溝橋事件」（日中戦争）が勃発し、『瑞の神歌』（大正六年発行）の預言書通り世の終末、末法の世、ハルマゲドン、黄泉比良坂といわれる戦いの始まりです。大日本帝国は、天皇は万世一系、世界を道義的に統一する主・師・親であって三種の神器（璽・鏡・剣）を捧持する現人神と称え、国民は徴兵制度により出兵しなければならない時代です。

出口聖師はこの世界の苦難から人類を精神的に救うために「我は時代の宗教を説く」と、立替立直し、皇道、惟神の道（神習の道）、弥勒の世、皇道宣布を提唱し道義的統一、真の平和への「経綸」を実践実行する。この「皇道大本」は戦後に設立された「新生愛善苑」

（昭和二十一年）とは時代的に異質なものを感じるが、教の根幹は祭政一致、霊主体従、愛善信真、慈愛に満ちたもので貫かれている。

いかなる人間も人は神から生れた神の子神の宮であり、神に代わって地上に天国を建設する尊い使命をもって生れていること。神の概念、神と人の密接な関係など、三大学則、教旨、四大綱領、四大主義など、教の基本等を掲載した本書「第三編・皇道と実際」は、深遠な内容を包含し現代に生きた教を提供してくれます。

そしてこの大宇宙、小宇宙、森羅万象悉く創造主・主神・更生主により霊妙に統一されるその真理、神の現われ方で幽の幽神、幽の顕神、顕の顕神、顕の幽神などの資料です。

原本の旧字体、旧かな、旧ルビは新字体に、また用語などは現代的に読み易くして、本文の（＝……）は編集で注を付け、本文最後に『附言』を追加しております。

なお、神様は順序であるから、時代背景には充分ご注意下さい。

平成二十七年三月八日　　みいづ舎編集

NOUVEAUX COURS DES RELIGIONS JAPONAISES

皇道大本の信仰

出口王仁三郎

東方書院

もくじ

第一編　皇道大本の沿革

一、皇道大本の発端

「皇道大本《こうどうおおもと》」の信仰《しんこう》について知《し》るには、先《ま》ず「皇道大本《こうどうおおもと》」とは何《なん》ぞやということが真《しん》に理解《りかい》されなければなりません。そして「皇道大本《こうどうおおもと》」を真解《しんかい》せんがためには、開祖《かいそ》出口直子刀自《でぐちなおことじ》の閲歴及《えつれきおよ》びこれに伴《ともな》う神《かみ》がかりの大要《たいよう》を知《し》る必要《ひつよう》があると同時《どうじ》に、私《わたし》が二十八歳入道《さいにゅうどう》（＝霊山・高熊山修業。）して、はじめて開祖《かいそ》に会見《かいけん》し、今日《こんにち》に至《いた》った経路《けいろ》を大略《たいりゃく》知《し》る必要《ひつよう》があります。

京都府何鹿郡綾部町《きょうとふいかるがぐんあやべちょう》における「皇道大本《こうどうおおもと》」の発端《ほったん》は、明治《めいじ》二十五（1892）年旧《ねんきゅう》正月元旦《しょうがつがんたん》をもって開祖《かいそ》・出口直子刀自《でぐちなおことじ》が神《かみ》がかり状態《じょうたい》になった時《とき》からで、今日既《こんにちすで》に四十年余《ねんあま》りの歴史《れきし》をもっております。（＝明治二十五年を以て大本の開教とする。）

開祖《かいそ》は、天保《てんぽう》七(1836)年《ねん》十二月《がつ》十六日《にち》をもって、丹波国福知山桐村《たんばのくにふくちやまきりむら》五郎《ろう》三郎氏《ろうし》の長女《ちょうじょ》として生《う》まれ、二十歳《さい》の時《とき》、綾部町字本宮村《あやべちょうあざほんぐうむら》の出口政《でぐちまさ》五郎氏《ろうし》に嫁《か》したのであります。政《まさ》五郎氏《ろうし》は大工《だいく》を職《しょく》とし、建築《けんちく》にかけては非凡《ひぼん》の腕前《うでまえ》をもっていたのでありますけれども、性質《せいしつ》は至《いた》って恬淡無欲《てんたんむよく》(=欲がなく、物に執着しない)、少《すこ》しも家事《かじ》を顧《かえり》みず、請負仕事《うけおいしごと》は何時《いつ》も損《そん》ばかり続《つづ》くにもかかわらず、更《さら》に心配《しんぱい》らしい様子《ようす》もなく、飯《めし》より好《す》きなのは酒《さけ》で、芝居《しばい》よ浮《う》かれ節《ぶし》よと兎角陽気《とかくようき》な道楽《どうらく》に凝《こ》り、終《つい》には祖先伝来《そせんでんらい》の財産全部《ざいさんぜんぶ》を蕩《とう》尽《じん》(=使い果たすこと)し、明治《めいじ》十八(1885)年《ねん》二月《がつ》に六十一歳《さい》で死去《しきょ》しました。

時《とき》に開祖《かいそ》は五十二歳《さい》、八人《にん》の子女《しじょ》をかゝえて一家《か》を支《ささ》えて行《ゆ》かなければならなかったのです。しかし、夫政《おっとまさ》五郎氏《ろうし》の死去《しきょ》の前後《ぜんご》から、生活《せいかつ》の脅威《きょうい》はその極《きょく》に達《たっ》して、開祖《かいそ》は紙屑買《かみくずか》いを始《はじ》められるようになり、明治《めいじ》二十年《ねん》の正月《しょうがつ》の如《ごと》きは、世間並《せけんなみ》に餅《もち》を買《か》う余裕《よゆう》がないので、握《にぎ》り飯《めし》を餅《もち》の代《かわ》りに子供《こども》に与《あた》えられたということです。

それればかりでなく、災厄《さいやく》はそれからそれへと開祖《かいそ》の一身《しん》に降《ふ》りかゝって来《き》たのです。政五郎《まさごろう》氏《し》の死亡《しぼう》に次《つ》いで間《ま》もなく、長女《ちょうじょ》は無頼《ぶらい》の悪漢《あっかん》に誘拐《ゆうかい》され、長男《ちょうなん》は脱走《だっそう》して姿《すがた》をくらまし、次男《じなん》は近衛兵《このえへい》となって入営《にゅうえい》しましたが、後台湾《のちたいわん》で行方不明《ゆくえふめい》となり、二女《じょ》、三女《じょ》は他《た》に嫁《か》したが、明治《めいじ》二十四年《ねん》になって、三女《じょ》先《ま》ず発狂《はっきょう》し、長女《ちょうじょ》はこれに続《つづ》いて狂乱《きょうらん》するというような訳《わけ》で、まことに目《め》もあてられぬ有様《ありさま》でありました。

開祖《かいそ》はこの逆境《ぎゃっきょう》に処《しょ》して、泰然自若《たいぜんじじゃく》、天《てん》を恨《にく》まず、形《かたち》ばかりの祭壇《さいだん》を破屋《あばらや》の神床《かんどこ》に設《もう》けて、一心不乱《しんふらん》に信仰《しんこう》を励《はげ》まれ、朝夕《ちょうせき》三回《かい》の水行《すいぎょう》を欠《か》かせられたことは無《な》く、四女《じょ》五女《じょ》の幼児《ようじ》を労《いた》わりながら儚《はかな》い生活《せいかつ》を続《つづ》けて行《ゆ》かれました。

かくして開祖《かいそ》五十七歳《さい》になった明治《めいじ》二十五年旧正月元旦《ねんきゅうしょうがつがんたん》の夜《よ》のことです。機縁円《きえんえん》熟《じゅく》せる開祖《かいそ》の身《み》に忽然《こつぜん》として「神人合一《しんじんごういつ》」の境《きょう》に入《い》り、荘厳美麗《そうごんびれい》な神秘《しんぴ》の大神殿《だいしんでん》が開祖《かいそ》の眼前《がんぜん》に展開《てんかい》せられました。そして開祖《かいそ》は尊《とうと》き神姿《しんし》を拝《はい》し、親《した》しく神示《しんじ》を伝《つた》えられると共《とも》に、また無《な》くなった夫政五郎《おっとまさごろう》氏《し》と久《ひさ》しぶりに対面《たいめん》し、四方山《よもやま》の話《はな》しをして時《とき》の移《うつ》るのを覚《おぼ》えられぬ程《ほど》でありましたが、この時忽然《ときこつぜん》として夢《ゆめ》は醒《さ》めたのでした。そして翌日《よくじつ》も同様《どうよう》の現象《げんしょう》が起《おこ》り、数回《すうかい》引《ひ》き続《つづ》いて同《おな》じ夢《ゆめ》を見《み》たのです。これが開祖《かいそ》の神《かみ》がかりの始《はじ》まりです。

しかし、開祖《かいそ》は初《はじ》めからこの不可思議《ふかしぎ》な現象《げんしょう》に対《たい》して盲目的《もうもくてき》に信《しん》じられた訳《わけ》ではなかったのです。開祖《かいそ》は驚《おどろ》かず騒《さわ》がず、これ果《はた》して正《ただ》しき神《かみ》の懸《かか》られたものか、人霊《じんれい》の憑依《ひょうい》か、それとも狐狸《こり》の類《たぐい》の悪戯《いたずら》かと、あらゆる手段《しゅだん》を尽《つく》して、自己批判《じこひはん》を忘《わす》れなかったのですが、結局《けっきょく》「帰神《きしん》」の妙境《みょうきょう》に達《たっ》し、正《ただ》しき神《かみ》の懸《かか》り給《たま》えることを自覚《じかく》されたたのです。

開祖《かいそ》に懸《かか》り給《たま》える神《かみ》は国祖《こくそ》・国常立尊《くにとこたちのみこと》で、その神懸《かむかか》り給《たま》うや、一道《どう》の霊気《れいき》湧然《ゆうぜん》として開祖《かいそ》の気海丹田《きかいたんでん》に起《おこ》り、呼吸《こきゅう》迫《せま》り唇《くちびる》自《みずか》ら動《うご》いて荘重《そうちょう》な声《こえ》となり、開祖《かいそ》の意志《いし》でない事柄《ことがら》を絶叫《ぜっきょう》されるのが常《つね》でありました。その最初《さいしょ》の大獅子吼《だいししく》は、

「三千世界《ぜんせかい》一度《ど》に開《ひら》く梅《うめ》の花《はな》、艮《うしとら》の金神《こんじん》の世《よ》になりたぞよ。梅《うめ》で開《ひら》いて松《まつ》で治《おさ》める神国《しんこく》の世《よ》になりたぞよ。この世《よ》は神《かみ》が構《かま》はな行《ゆ》けぬ世《よ》であるぞよ。今日《こんにち》は獣《けだもの》の世《よ》、強《つよ》いもの勝《が》ちの、悪魔《あくま》ばかりの世《よ》であるぞよ。世界《せかい》は獣《けだもの》の世《よ》になりておるぞよ。邪《あく》神《がみ》にばかされて、尻《しり》の毛《け》まで抜《ぬ》かれておりても、まだ眼《め》が覚《さ》めん暗《くら》がりの世《よ》になりておるぞよ。これでは、世《よ》は立《た》ちては行《ゆ》かんから、神《かみ》が表《おもて》に現《あらわ》れて三千世界《ぜんせかい》の立替立直《たてかえたてなお》しを致《いた》すぞよ。用意《ようい》をなされよ。この世《よ》は全然《さっぱり》、新《さら》つの世《よ》に替《か》へてしまふぞよ。三千《ぜん》

世界《せかい》の大洗濯《おおせんたく》、大掃除《おおそうじ》を致《いた》して、天下泰平《てんかたいへい》に世《よ》を治《おさ》めて、万古末代《まんごまつだい》続《つづ》く神国《しんこく》の世《よ》に致《いた》すぞよ。神《かみ》の申《もう》したことは、一分《ぶ》一厘違《りんちが》はんぞよ。毛筋《けすじ》の横幅《よこはば》ほども間違《まちが》ひは無《な》いぞよ。これが違《ちご》ふたら神《かみ》はこの世《よ》に居《お》らんぞよ。」云々《うんぬん》、というのでした。

開祖《かいそ》の神《かみ》がかりに引続《ひきつづ》いて、その身辺《しんぺん》に大小無数《だいしょうむすう》の事件《じけん》が起《おこ》りました。それからの活歴史《かつれきし》はその一端《たん》を捉《とら》えて記《しる》しても、意義深遠《いぎしんえん》な教訓《きょうくん》を含《ふく》んでいるのでありますが、こゝに詳述《しょうじゅつ》する遑《いとま》がないので、その一二を摘記《てきき》するに止《とど》めておきます。

開祖《かいそ》の「神人合一《しんじんごういつ》」と同時《どうじ》に、その言行《げんこう》は自《おの》ずからの以前《いぜん》とはすっかり変《か》わって参《まい》りました。

例《たと》えば、或《あ》る時《とき》のこと、開祖《かいそ》は庭《にわ》に万年青《おもと》一株《かぶ》を植《う》え、大声《おおごえ》で

「こゝは世界《せかい》の大本《おおもと》、大本《おおもと》の教《おしえ》を開《ひら》くぞよ」

と叫《さけ》ばれました。また或《あ》る時《とき》は、十葉《とよう》の葉蘭《はらん》を曳《ひ》きぬき来《きた》って、邸前《ていぜん》に植《う》え、

「東洋《とうよう》の波瀾《はらん》は神《かみ》が陰《かげ》から鎮《しず》めるぞよ」

とて、熱湯《ねっとう》をその根元《ねもと》に注《そそ》いで枯死《こし》せしめたことがあります。

思《おも》うに、開祖《かいそ》のなされたことは謎《なぞ》で、実物《じつぶつ》に寓《ぐう》して簡明《かんめい》に村人等《むらびとら》を教《おし》え訓《さと》そうという神慮《しんりょ》であったのでありましょうけれども、村人等《むらびとら》はそういうことは解《わか》らず、これがためにかえって誤解《ごかい》と嘲笑《ちょうしょう》とを招《まね》いたゞけでした。人々《ひとびと》は、

「お直《なお》さんは気《き》が違《ちが》った、狐狸《こり》に憑《つ》かれた」

といって笑《わら》ったり気《き》の毒《どく》がったりいたしました。

丁度《ちょうど》その頃《ころ》綾部《あやべ》に放火《ほうか》が流行《はや》ったので、その放火《ほうか》は開祖《かいそ》の仕業《しわざ》と勘違《かんちが》いして警察署《けいさつしょ》

へ訴《うった》えた者《もの》があり、署内《しょない》へ留置《りゅうち》されたことがあります。留置中《りゅうちちゅう》も開祖《かいそ》は依然神《いぜんかみ》がかり状態《じょうたい》で叫《さけ》び続《つづ》けられましたが、その中《うち》に放火《ほうか》の真犯人《しんはんにん》が知《し》れ、開祖《かいそ》の嫌疑《けんぎ》は晴《は》れましたけれども、狂人《きょうじん》として取締《とりしま》るように申渡《もうしわた》されたので、親戚《しんせき》を始《はじ》め、村人等《むらびとら》一同《どう》は協議《きょうぎ》の上《うえ》、家《いえ》の隅《すみ》に一坪《つぼ》ばかりの座敷牢《ざしきろう》をこしらえ、嫌《いや》がる開祖《かいそ》を無理《むり》に押込《おしこ》め、監禁《かんきん》することになりました。開祖《かいそ》は牢内《ろうない》においても、頻《しき》りに叫《さけ》び続《つづ》けられましたが、追々静《おいおいしず》かになってきたので、出牢《しゅつろう》されました。

この頃《ころ》から開祖《かいそ》の神《かみ》がかりの形式《けいしき》は一変《ぺん》して、神命《しんめい》のまにく筆《ふで》を執《と》られることになったのです。開祖《かいそ》は元来眼《がんらいめ》に一丁字《ていじ》なき無筆《むひつ》の人《ひと》でしたが、筆《ふで》を執《と》って紙《かみ》に向《むか》うと、一種《しゅ》の平仮名文字《ひらがなもじ》がすらくと書《か》かれたのです。心霊学者《しんれいがくしゃ》の所謂自動書記《いわゆるじどうしょき》の形式《けいしき》で、これが「皇道大本《こうどうおおもと》」の『筆先《ふでさき》』です。

この『筆先《ふでさき》』こそ「皇道大本《こうどうおおもと》」の宝典《ほうてん》であって、開祖《かいそ》が大正《たいしょう》七（1918）年旧《ねんきゅう》十月《がつ》三日《か》（十一月六日）昇天《しょうてん》されるまで約《やく》二十七年間《ねんかん》にわたって書《か》かれたのであります。たゞ何気《なにげ》なく筆先《ふでさき》を見《み》れば、俗調平語《ぞくちょうへいご》、別《べつ》にどうということも無《な》いのですけれども、一度活眼《たびかつがん》を開《ひら》いてその中《なか》にこもれる真意義《しんいぎ》に触《ふ》れんか、宇宙《うちゅう》の神秘《しんぴ》、世《よ》の真相幽玄《しんそうゆうげん》の真理《しんり》、痛切《つうせつ》の教訓《きょうくん》、到底人心小智《とうていじんしんしょうち》の窺《うかが》い知《し》り得《え》られるものでないことが解《わか》ります。しかも筆先《ふでさき》に示《しめ》された予言警告《よげんけいこく》は、悉《ことごと》く実現《じつげん》し来《きた》って毫末《ごうまつ》の誤《あやま》りがなく、筆先《ふでさき》の権威《けんい》は既《すで》に試験済《しけんず》みであるといってよいのです。

二、私の入道と開祖との会見

私《わたし》が突然《とつぜん》神界《しんかい》より神務《しんむ》に使役《しえき》されるようになってから、親戚《しんせき》知己《ちき》朋友《ほうゆう》その他《た》の人々《ひとびと》より、あらゆる悪罵《あくば》嘲笑《ちょうしょう》や妨害《ぼうがい》などを受《う》けながら今日《こんにち》まで隠忍《いんにん》して来《き》た種々《しゅじゅ》雑多《ざった》の経緯《けいい》を述《の》べると、とても一万枚《まんまい》や二万枚《まんまい》の原稿《げんこう》で書《か》き尽《つく》せるものではありません。それ故《ゆえ》こゝには私《わたし》の入道《にゅうどう》の経路《けいろ》の大略《たいりゃく》を述《の》べるに止《とど》めておこうと思《おも》います。

私《わたし》は幼名《ようみょう》を上田《うえだ》喜《き》三郎《ろう》といい、明治《めいじ》四（1871）年旧《ねんきゅう》七月《がつ》十二日《にち》をもって、丹波国《たんばのくに》南桑田郡《みなみくわたぐん》曽我部村《そがべむら》穴太《あなお》の農夫《のうふ》、上田吉松《うえだきちまつ》の長男《ちょうなん》として生《う》まれました。当時《とうじ》上田家《うえだけ》は家計《かけい》大《おお》いに衰《おとろ》え、そのために私《わたし》は小学校《しょうがっこう》の課程《かてい》すら全部《ぜんぶ》を修《おさ》めることが出来《でき》ず、父《ちち》と共《とも》に野山《のやま》に出《い》でて薪《まき》を刈《か》り、肥《こえ》をほどこし、殊《こと》に十五歳《さい》の時《とき》よりは丁稚《でっち》奉公《ぼうこう》をなし、また家《いえ》におった時《とき》は荷車夫《にぐるまひき》ともなり僅《わず》かの賃金《ちんぎん》を得《え》て家計《かけい》を助《たす》けていました。

二十三歳《さい》の時《とき》、私《わたし》は獣医学《じゅういがく》の研究《けんきゅう》を志《こころざ》し、園部《そのべ》のある獣医《じゅうい》の書生《しょせい》となったが、書《しょ》生《せい》というのは名《な》ばかりで、その所有《しょゆう》に係《かか》る牧畜場《ぼくちくじょう》に行《ゆ》き、牛乳《ぎゅうにゅう》を搾《しぼ》って、これを各《かく》所《しょ》に配達《はいたつ》し、なお餌《えさ》を与《あた》え、掃除《そうじ》をなし、夜半《やはん》にならねば休息《きゅうそく》の時間《じかん》もない、純然《じゅんぜん》たる労働者生活《ろうどうしゃせいかつ》でありました。

越《こ》えて約《やく》二年《ねん》、明治《めいじ》二十八（1895）年《ねん》二月《がつ》、二十五歳《さい》の時《とき》、郷里穴太《きょうりあなお》に帰《かえ》り、奔《ほん》走《そう》して資金《しきん》を集《あつ》め、同《どう》二十九年《ねん》一月《がつ》「精乳館《せいにゅうかん》」と称《しょう》する牛乳搾取場《ぎゅうにゅうさくしゅじょう》を設置《せっち》し、営業《えいぎょう》を始《はじ》め、搾乳《さくにゅう》、配達《はいたつ》まで殆《ほとん》どこれを一手《て》に引受《ひきう》けて懸命《けんめい》に尽力《じんりょく》しましたが、翌《よく》三十年《ねん》七月《がつ》には父《ちち》を失《うしな》い、一家《か》の生計《せいけい》は益々自分一人《ますますじぶんひとり》の負担《ふたん》に帰《き》し、心身《しんしん》の多忙《たぼう》は日《ひ》毎《ごと》に加《くわ》わって行《ゆ》きました。

しかし、私《わたし》は貧《まず》しい家庭《かてい》に生《う》まれたお蔭《かげ》で人生《じんせい》の温《あたた》かい方面《ほうめん》と冷《つめ》たい方面《ほうめん》とを色々《いろいろ》知《し》ることが出来《でき》ました。私《わたし》は十三歳《さい》の頃《ころ》よりおぼろげながら国家万民救済《こっかばんみんきゅうさい》の志《こころざし》を抱《いだ》き、瞑想《めいそう》にふけりがちになりました。

丁稚奉公時代《でっちぼうこうじだい》には主人《しゅじん》や朋輩《ほうばい》の寝鎮《ねしず》まるのを待《ま》ち受《う》けて、毎夜産土神社《まいようぶすなじんじゃ》（＝小幡神社。）に参詣《さんけい》し、神教《しんきょう》を乞《こ》うたことが一百日《にち》に及《およ》んだことがあります。また労働《ろうどう》の余暇《よか》には私《わたし》は風雅《ふうが》の道《みち》に心《こころ》を寄《よ》せて楽《たの》しんだこともありました。獣医《じゅうい》の書生時代《しょせいじだい》には寸暇《すんか》を盗《ぬす》んで国学者岡田惟平翁《こくがくしゃおかだこれひらおう》について、国学《こくがく》の研究《けんきゅう》を始《はじ》めたこともありました。「精乳館《せいにゅうかん》」経営時代《けいえいじだい》には、宗教《しゅうきょう》や哲学《てつがく》の諸書《しょしょ》を渉猟耽読《しょうりょうたんどく》しました。

私《わたし》は当時青年《とうじせいねん》が誰《だれ》しも一度《ど》は通過《つうか》する思想動揺期《しそうどうようき》にあったのでしょう。社会《しゃかい》の矛盾《むじゅん》不合理《ふごうり》を見《み》たり聞《き》いたりするにつけ、私《わたし》は人生《じんせい》そのものに対《たい》して根本的《こんぽんてき》の疑惑《ぎわく》を懐《いだ》くようになりました。私《わたし》がそうなった一つの有力《ゆうりょく》な動機《どうき》は私《わたし》の父《ちち》の死《し》でした。私《わたし》は小《ちい》さい時《とき》から、信仰心《しんこうしん》をもち敬神《けいしん》を怠《おこた》らなかったのですが、父《ちち》がブラく病《やまい》になっていろいろな手段《しゅだん》を講《こう》じたけれども、思《おも》わしくなかったために、信仰《しんこう》によって病気《びょうき》を癒《なお》したいと願《ねが》いました。そこで近所《きんじょ》の教会《きょうかい》などを訪《たず》ねて、その実情《じつじょう》を見《み》ている中《うち》に、あまりの迷信《めいしん》ぶりに愛想《あいそう》がついてしまいました。一方《ぽう》父《ちち》は死去《しきょ》しました。私《わたし》は非常《ひじょう》に失望《しつぼう》落胆《らくたん》しました。その時《とき》以来《いらい》、私《わたし》は全《まった》く無神論者《むしんろんしゃ》になって、神《かみ》さまとか信仰《しんこう》とかいうことは見《み》るのも聞《き》くのもイヤになってしまったのです。

富者《ふうしゃ》を見《み》ても、貧者《ひんじゃ》を見《み》ても、私《わたし》には常《つね》に疑問《ぎもん》がありました。一体《たい》、土地《とち》といい、資本《しほん》といい、一切《さい》の生産機関《せいさんきかん》なるものは、人類全体《じんるいぜんたい》を安心《あんしん》に生活《せいかつ》させるために、天帝《てんてい》から与《あた》えられたものではあるまいかと考《かんが》えました。それを地主《じぬし》や資本家《しほんか》なるものが、自由《じゆう》に壟断《ろうだん》したり占有《せんゆう》したりしているのではあるが、何《なん》の理由《りゆう》があり、何《なん》の徳《とく》があり、何《なん》の権利《けんり》があって、そうしているのであろうか。一方《ぽう》には一挙手《きょしゅ》、一投足《とうそく》の労《ろう》もなくして、飽食暖衣《ほうしょくだんい》、放逸歓楽《ほういつかんらく》を恣《ほしいまま》にしている少数《しょうすう》の者《もの》がおり、他方《たほう》には、多数《たすう》の人類《じんるい》が常《つね》に飢《う》えに苦《くる》しみ寒《さむ》さに慄《ふる》えているのに満足《まんぞく》すべきであろうか。……こんなことを考《かんが》えました。

宗教《しゅうきょう》は慈悲博愛《じひはくあい》を鼓吹《こすい》するとも、未《いま》だ現世《げんせ》を救《すく》うに至《いた》らず、たゞ死後《しご》の楽園《らくえん》を想像《ぞう》せしめて、我々《われわれ》の心中《しんちゅう》にわずかに慰《なぐさ》めを与《あた》えるに過《す》ぎません。

教育《きょういく》は、多大《ただい》の知識《ちしき》を与《あた》えるけれども、半日《はんにち》の衣食《いしょく》をも産出《さんしゅつ》するものではない。また道徳《どうとく》の最低限度《さいていげんど》を標準《ひょうじゅん》としてつくられた法律《ほうりつ》は、よく人《ひと》の行為《こうい》を責罰《せきばつ》するとも、人類《じんるい》をして天国《てんごく》の人《ひと》とならしめる要具《ようぐ》ではない。

海陸《かいりく》の軍備《ぐんび》は充実《じゅうじつ》するとも、国防《こくぼう》の上《うえ》には役立《やくだ》つが、多数《たすう》の苦《くる》しんでいる人類《じんるい》を安《あん》全《ぜん》に生活《せいかつ》せしめる利器《りき》ではない。どうしたら、この矛盾《むじゅん》せる社会《しゃかい》を一掃《そう》して天国化《てんごくか》することが出来《でき》るであろうか。世界《せかい》の現状《げんじょう》を見《み》れば、人類《じんるい》の苦痛《くつう》と飢凍《きとう》とは日一日《ひ》《にち》と迫《せま》って来《く》る。これが真理《しんり》、正義《せいぎ》、人道《じんどう》なのであろうか。……こうした疑問《ぎもん》が絶《た》えず私《わたし》の胸中《きょうちゅう》に去来《きょらい》していたのです。

しかし、この疑問《ぎもん》に対《たい》して、私《わたし》に根本的《こんぽんてき》な解決《かいけつ》を与《あた》えてくれるものは何《なに》もありませんでした。

斯《か》くして明治《めいじ》三十一（1898）年旧《ねんきゅう》二月《がつ》九日《か》、二十九歳《さい》の時《とき》、私《わたし》は郷里高熊山《きょうりたかくまやま》において、いよく〳〵破天荒《はてんこう》の霊的修業《れいてきしゅぎょう》を遂行《すいこう》することになりました。（＝この修業を以て瑞霊・神素盞嗚大神の開教とする。）

これより先《さき》、私《わたし》は里人《さとびと》のために一片《ぺん》の侠気《きょうき》に駆《か》られて、付近《ふきん》の無頼漢《ぶらいかん》を向《む》こうに廻《まわ》して衝突《しょうとつ》したことがありましたが、二月八日《がつかよ》の夜《よる》、一味《み》の暴漢《ぼうかん》に襲撃《しゅうげき》され、全身《ぜんしん》に打《だ》撲傷《ぼくしょう》を受《う》け翌日《よくじつ》は仕事《しごと》を休《やす》んで床《とこ》に呻吟《しんぎん》していました。その時《とき》、祖母《そぼ》と母《はは》とに、涙《なみだ》を以《もっ》て日頃《ひごろ》の軽挙《けいきょ》を戒《いまし》められ、懺悔《ざんげ》の剣《けん》に刺《さ》し貫《つらぬ》かれて五臓《ぞう》六腑《ぷ》を抉《えぐ》られるような苦《くる》しさを感《かん》じました。そして悔悟《かいご》の念《ねん》は一時《じ》に起《おこ》り来《きた》り、ついに感覚《かんかく》までも失《うしな》い、ボンヤリとして吾《われ》と吾《わ》が身《み》が分《わか》らないような気分《きぶん》になって来《き》ました。

この時《とき》、一人《ひとり》の洋服《ようふく》を着《き》た男《おとこ》がやって来《き》て、自分《じぶん》は神《かみ》の使《つか》いであるから、疑《うたが》わずに自分《じぶん》について来《く》るがよいというので、私《わたし》は一通《つう》の遺書《いしょ》を残《のこ》して家《いえ》を出《で》たまでの意識《いしき》は明瞭《めいりょう》でありましたが、その後《のち》のことは一切朦朧《さいもうろう》として分《わか》らず、ようやく正気《しょうき》に帰《かえ》った時《とき》は、郷里《きょうり》の高熊山《たかくまやま》の岩窟《がんくつ》に静座《せいざ》していたのです。

この修業中《しゅぎょうちゅう》に私《わたし》の霊魂《れいこん》は霊界《れいかい》に逍遥《しょうよう》し、天国地獄《てんごくじごく》の状況《じょうきょう》、宇宙《うちゅう》の真相《しんそう》、皇道《こうどう》の大義《たいぎ》、世界《せかい》の大勢《たいせい》、日本《にほん》の使命《しめい》、自己《じこ》の天職等手《てんしょくとうて》にとるごとく教《おし》えられ、六大神通力《だいじんつうりき》の大要《たいよう》を習得《しゅうとく》して、十五日帰宅《にちきたく》しました。高熊山修業中《たかくまやましゅぎょうちゅう》における体験《たいけん》については、私《わたし》の『霊界物語《れいかいものがたり》』の中《なか》に詳述《しょうじゅつ》してあるから、ここには述《の》べません。

この高熊山《たかくまやま》における修業《しゅぎょう》が私《わたし》の生涯《しょうがい》の一大転換期《だいてんかんき》でした。私《わたし》は修業中《しゅぎょうちゅう》に神界《しんかい》より受《う》けた教訓《きょうくん》を脳裏《のうり》に深《ふか》く刻《きざ》みつけられ、万難《ばんなん》を排《はい》して自分《じぶん》の信《しん》ずる道《みち》に勇往邁進《ゆうおうまんしん》しょうと決心《けっしん》しました。その教訓《きょうくん》は大略左《たいりゃくさ》の通《とお》りです。

「澆季末法《ぎょうきまっぽう》（＝道徳が衰え人情の浮薄となった時代。末世。）に傾《かたむ》いた邪神《じゃしん》の荒《すさ》ぶ今《いま》の時《とき》に当《あた》って、お前《まえ》は至《し》粋至純《すいしじゅん》なる「惟神の大道《かむながらだいどう》」を研究《けんきゅう》し、身魂《しんこん》を清《きよ》め、立派《りっぱ》な宣伝使《せんでんし》となって、世界《せかい》に向《むか》い神道《しんどう》のラッパを吹《ふ》き立《た》て、世界《せかい》を覚醒《かくせい》しなくてはならぬぞよ。今《いま》において「惟神《かむながら》の大道《だいどう》」を宣伝《せんでん》し、世界《せかい》の眼《め》を醒《さ》ますものが無《な》ければ、今日《こんにち》の社会《しゃかい》を維持《いじ》することは出《で》来《き》ない。惹《ひ》いては世界《せかい》の破滅《はめつ》を招来《しょうらい》することは鏡《かがみ》にかけて見《み》るようだ。お前《まえ》はこれから神《かみ》の僕《しもべ》となって暗黒社会《あんこくしゃかい》の光《ひかり》となり、冷酷《れいこく》な社会《しゃかい》の温味《あたたかみ》となり、腐《くさ》り切《き》った身魂《しんこん》を救《すく》い清《きよ》める塩《しお》となり、身魂《みたま》の病《やまい》を治《なお》す薬《くすり》ともなり、四魂《こん》を研《と》ぎ五情《じょう》を鍛《きた》え、まことの大和魂《やまとだましい》となって、天地《てんち》の花《はな》とうたわれ果実《かじつ》と喜《よろこ》ばれ、世《よ》のため道《みち》のために尽《つく》してくれねばならぬ。真《しん》の勇《ゆう》、真《しん》の愛《あい》、真《しん》の智《ち》を輝《かがや》かし、この大任《たいにん》を完成《かんせい》せんとするのは、なかなか容易《ようい》な事業《じぎょう》ではない。今後《こんご》十年《ねん》の間《あいだ》はその方《ほう》は研究《けんきゅう》の時期《じき》である。その間起《かんおこ》るところの艱難辛苦《かんなんしんく》は非常《ひじょう》なものだ。これを忍耐《にんたい》しなくては汝《なんじ》の使命《しめい》を果《はた》すことは出《で》来《き》ないぞ。しばく神《かみ》の試《こころ》みにも遭《あ》い、邪心《じゃしん》の群《む》れに包囲《ほうい》され苦《くる》しむこともあるであろう。前途《ぜんと》にあたって深《ふか》い谷《たに》もあり、剣《つるぎ》の山《やま》や血《ち》の池地獄《いけじごく》や、蛇《へび》の室《むろ》、蜂《はち》の室《むろ》、暴風《ぼうふう》怒涛《どとう》に苦《くる》しみ、一命《めい》の危《あやう》いこともしばくあるであろう。手足《てあし》の爪《つめ》まで抜《ぬ》かれて、神《かむ》退《やら》いに退《やら》われることも覚悟《かくご》しておらねばならぬ。さりながら少《すこ》しも恐《おそ》るゝにはおよばぬ。神様《かみさま》を力《ちから》に誠《まこと》を杖《つえ》に猛進《もうしん》せよ。如何《いか》なる災害《さいがい》に遭《あ》うとも、決《けっ》して退却《たいきゃく》してはならぬ。何事《なにごと》も皆神様《みなかみさま》の御経綸《ごけいりん》だと思《おも》え。一時《じ》の失敗《しっぱい》や艱難《かんなん》に出合《であ》ったために、神《かみ》の道《みち》に遠《とお》ざかり心《こころ》を変《へん》じてはならぬ。至仁至愛《しじんしあい》の神《かみ》の心《こころ》を、生命《せいめい》の続《つづ》く限《かぎ》り遵奉《じゅんぽう》し、且《か》つ世《せ》界《かい》へ拡充《かくじゅう》せよ。神々《かみがみ》は汝《なんじ》の身《み》を照《て》らし、汝《なんじ》の身辺《しんぺん》に付《つ》き添《そ》うてこの使命《しめい》を果《はた》すべく守《まも》り給《たま》うであろう。特《とく》に十年間《ねんかん》は最《もっと》も必要《ひつよう》な修業時代《しゅぎょうじだい》だ」

私《わたし》はこれより牧畜《ぼくちく》その他《た》一切《さい》の俗務《ぞくむ》を他人《たにん》に譲《ゆず》ってしまい、専《もっぱ》ら幽祭《ゆうさい》の指導《しどう》と神教《しんきょう》の伝達《でんたつ》に全力《ぜんりょく》を尽《つく》すことゝなりました。ところが或《あ》る人《ひと》が私《わたし》に向《むか》って、「世《よ》の中《なか》を救《すく》わんと思《おも》うならば、先《ま》ず実地《じっち》に病人《びょうにん》を助《たす》けて行《ゆ》く方《ほう》がよい、初《はじ》めから高《こう》遠《えん》な理想《りそう》を説《と》いたところで、こういう田舎《いなか》では理解《りかい》する力《ちから》が無《な》いだろう」といって二年来《ねんらい》歯痛《しつう》に悩《なや》んでいる一人《ひとり》の婦人《ふじん》を連《つ》れて来《き》ました。私《わたし》は心身《しんしん》を清《きよ》めて祈《き》願《がん》したところ、その歯痛《しつう》は僅《わず》か五分間《ふんかん》で拭《ぬぐ》うように平癒《へいゆ》しました。これが私《わたし》の病気《びょうき》を治《なお》した発端《ほったん》であります。爾来《じらい》私《わたし》の評判《ひょうばん》は忽《たちま》ち近所界隈《きんじょかいわい》に広《ひろ》まり、病気《びょうき》を治《なお》した実例《じつれい》は数限《かずかぎ》りなく一々明白《いちいちめいはく》に記憶《きおく》しない位《くらい》であります。

その中《なか》に、私《わたし》は駿河《するが》の「稲荷講社《いなりこうしゃ》」の総長《そうちょう》・長澤雄楯翁《ながさわかつたておう》の霊力非凡《れいりょくひぼん》なことを聞《き》いて、一度会《どあ》ってみたいような気《き》になり、三月《がつ》八日初《かはじ》めて長途《ちょうと》の汽車旅行《きしゃりょこう》をなし、翌日《よくじつ》長澤翁《ながさわおう》に会見《かいけん》しました。この時《とき》、翁《おう》が私《わたし》を鎮魂《ちんこん》し審神《さにわ》をしましたが、その審神《さにわ》によると、私《わたし》の神懸《かむがかり》は小松林命《こまつばやしのみこと》の神懸《かむがかり》であることを実証《じっしょう》されました。そして私《わたし》はいろ〳〵教《おしえ》を受《う》け、翁《おう》および母堂《ぼどう》から『神書秘伝《しんしょひでん》』、「鎮魂《ちんこん》の玉《たま》」、「天然笛《てんねんぶえ》」等《とう》を付与《ふよ》され、鎮魂《ちんこん》帰神《きしん》の二科高等得業《かこうとうとくぎょう》の免状《めんじょう》を貰《もら》って帰《かえ》って来《き》ました。

その後六月《ごがつ》になって、私《わたし》が産土神社《うぶすなじんじゃ》へ参拝《さんぱい》した時《とき》「一日《にち》も早《はや》く西北《せいほく》の方《ほう》を指《さ》して行《ゆ》け」との神示《しんじ》に接《せつ》したので、八木《ぎ》の虎天堰《とらてんいね》（＝とらてんぜき）という所《ところ》まで来《き》ますと、そこに一軒《けん》の茶店《ちゃみせ》がありました。私《わたし》はその茶店《ちゃみせ》に腰《こし》をかけて休《やす》むと、茶店《ちゃみせ》のお内儀《かみ》さんが私《わたし》に向《むか》って、

「あなたは何《なに》をなさる方《かた》でありますか」

と尋《たず》ねましたので、

「私《わたし》は諸国《しょこく》の神様《かみさま》を調《しら》べて歩《ある》くものだ」

と答《こた》えました。そうすると、そのお内儀《かみ》さんのいうのには、

「私《わたし》の母《はは》はいま綾部《あやべ》におりますが、元《もと》は金光様《こんこうさま》を信心《しんじん》していましたが、俄《にわか》に艮《うしとら》の金《こん》神《じん》さんがお懸《かか》りなさって沢山《たくさん》の人《ひと》がお神徳《かげ》を頂《いただ》き、金光教会《こんこうきょうかい》の先生《せんせい》が世話《せわ》をしておられます。母《はは》に憑《うつ》った神様《かみさま》の仰《おっしゃ》るには、私《わたし》の身上《みのうえ》を判《わ》けてくれる者《もの》は東《ひがし》から出《で》て来《く》る。そのお方《かた》さえ見《み》えたならば、出口直《でぐちなお》の身上《みのうえ》は判《わか》ってくるということでしたので、私等《わたしら》夫婦《ふうふ》はワザとこの道端《みちばた》に茶店《ちゃみせ》を開《ひら》いて往来《おうらい》の人《ひと》さんに休《やす》んでもらい母《はは》のいったお方《かた》を探《さが》しておりました。大方貴方《おおかたあなた》のことかと思《おも》われてなりません。何卒《なにとぞ》一度母《どはは》の身上《みのうえ》を調《しら》

べてやって下《くだ》さらぬか、これが母《はは》の神様《かみさま》がお書《か》きになったお筆先《ふでさき》でございます。」

といって出《だ》したのが、一枚《まい》の筆先《ふでさき》でした。

私《わたし》はそれを見《み》ると、高熊山《たかくまやま》の修業中《しゅぎょうちゅう》に見聞《けんぶん》したことの或部分《あるぶぶん》に符号《ふごう》せるのに驚《おどろ》いて、近々綾部《きんきんあやべ》に行《ゆ》くことを約《やく》して別《わか》れました。この婦人《ふじん》は皇道大本開祖《こうどうおおもとかいそ》・出口直子刀《でぐちなおこと》自《じ》の三女福島久子《じょふくしまひさこ》だったのです。

私《わたし》がはじめて綾部町裏町《あやべちょううらまち》なる出口直子刀自《でぐちなおことじ》の居宅《きょたく》を訪問《ほうもん》したのは、明治《めいじ》三十一年旧《ねんきゅう》八月《がつ》二十三日《にち》のことでありました。私《わたし》は二三日滞在《にちたいざい》していましたが、未《いま》だ時期到《じきいた》らずと感《かん》じて開祖《かいそ》に暇《いとま》を告《つ》げ、綾部《あやべ》を去《さ》りました。それから一年《ねん》を経《へ》た翌《よく》三十二年旧《ねんきゅう》五月《がつ》、開祖《かいそ》よりの迎《むか》えの使者《ししゃ》に接《せつ》して、私《わたし》は再《ふたた》び綾部《あやべ》へ来《く》ることになり、同年旧《ねんきゅう》十二月《がつ》（明治三十三年一月一日）開祖《かいそ》の末子澄子《ばっしすみこ》と結婚《けっこん》して「出口王仁三郎《でぐちわにさぶろう》」（＝おにさぶろう）

と改名《かいめい》し、神縁血縁《しんえんけつえん》ともに開祖《かいそ》とは密接不離《みっせつふり》の関係《かんけい》が生《しょう》ずることになったのです。

三、皇道大本と十年事件

私《わたし》が綾部《あやべ》に落着《おちつ》くことになると、私《わたし》に対《たい》する反対運動《はんたいうんどう》が様々《さまざま》の形《かたち》を変《か》えて起《おこ》って来《き》ました。「皇道大本《こうどうおおもと》」の最《もっと》も困難《こんなん》な最初《さいしょ》の時代《じだい》、私《わたし》が如何《いか》にバカくしい、理不尽《りふじん》な誤解《ごかい》や排斥《はいせき》や侮辱《ぶじょく》や圧迫《あっぱく》を蒙《こうむ》ったかは、とても筆舌《ひつぜつ》の能《よ》く尽《つく》し得《え》るところではありません。

その後《ご》、明治《めいじ》三十九年《ねん》（1906）に私《わたし》は単身京都《たんしんきょうと》に上《のぼ》り、「皇典講究所《こうてんこうきゅうしょ》」に入学《にゅうがく》し、卒業後《そつぎょうご》「建勲神社《けんくんじんじゃ》」の主典《しゅてん》となり、一時《じ》「御嶽教《おんたけきょう》」に関係《かんけい》していたこともあります。

かくしている中《うち》に、「皇道大本《こうどうおおもと》」は隆々《りゅうりゅう》たる勢《いきお》いをもって発展《はってん》してゆきました。内《ない》部《ぶ》の秩序《ちつじょ》も段々整《だんだんとと》のい、信者《しんじゃ》は追々増加《おいおいぞうか》し、神殿《しんでん》の建設《けんせつ》、宣伝機関《せんでんきかん》の設備等諸種《せつびとうしょしゅ》の準備《じゅんび》が着々《ちゃくちゃく》として整《ととの》えられている間《あいだ》に、世界《せかい》の形勢《けいせい》は筆先通《ふでさきどお》りに寸分《すんぶん》の相違《そうい》なく実現《じつげん》して来《き》ました。そして「皇道大本《こうどうおおもと》」は天下《てんか》の問題《もんだい》となるとともに、その筋《すじ》の誤《ご》解《かい》、宗教家《しゅうきょうか》の迫害《はくがい》、新聞雑誌単行本《しんぶんざっしたんこうぼん》の熱罵《ねっぱ》、嘲笑《ちょうしょう》となり、大正《たいしょう》七年《ねん》（1918）旧《きゅう》十月《がつ》三日開祖《かかいそ》は八十三歳《さい》をもって昇天《しょうてん》されましたが、それから三年《ねん》を経《へ》て、大正《たいしょう》十年《ねん》（1921）二月《がつ》十二日《にち》彼《か》の「大本《おおもと》十年事件《ねんじけん》」（＝第一次大本弾圧事件）が勃発《ぼっぱつ》したのです。

それは丁度私《ちょうどわたし》の五十一歳《さい》の時《とき》であります。当時私《とうじわたし》は『大正日々新聞社《たいしょうにちにちしんぶんしゃ》』に起臥《きが》して、毎日新聞《まいにちしんぶん》に筆《ふで》を執《と》っていたのですが、突如武装《とつじょぶそう》せる警官《けいかん》二百五十名《めい》によって水《みず》も洩《も》らさぬ大捜索《だいそうさく》が綾部《あやべ》の大本《おおもと》を中心《ちゅうしん》に行《おこな》われたのです。

これは大正八年発行《たいしょうねんはっこう》の雑誌《ざっし》『神霊界《しんれいかい》』の記事《きじ》の中《なか》に、不敬《ふけい》と考《かんが》えられるべき記事《きじ》があったというので「不敬罪及《ふけいざいおよ》び新聞紙法違反《しんぶんしほういはん》」という罪名《ざいめい》のもとに、その事件《じけん》となったのであります。これがために私《わたし》は予審中京都《よしんちゅうきょうと》の監獄《かんごく》に入《はい》ったのですが、その後責付《ごせきふ》となって帰《かえ》って来《き》ました。

この「十年事件《ねんじけん》」なるものは、錯覚《さっかく》から始《はじ》まった事件《じけん》であって、事《こと》の起《おこ》りは加藤《かとう》○○という一狂人《きょうじん》の内申《ないしん》がその原因《げんいん》をなしていることは、新聞記事解禁当時《しんぶんきじかいきんとうじ》に発行《はっこう》された全国各新聞《ぜんこくかくしんぶん》の号外《ごうがい》を見《み》ても明《あき》らかな事実《じじつ》であります。

加藤《かとう》は、自《みずか》ら大本《おおもと》の幹部《かんぶ》になろうという野心《やしん》を抱《いだ》いて、大正九年頃大本《たいしょうねんごろおおもと》へ来《き》たのでありますがその野心《やしん》が容《い》れられず、そのため、大本《おおもと》は竹槍《たけやり》を十万本用意《まんぼんようい》して謀反《むほん》の計画《けいかく》をしているとか、十人生埋《にんいきう》めの地下室《ちかしつ》を実見《じっけん》したとか、爆弾《ばくだん》を隠匿《いんとく》しているとか、大正《たいしょう》の世《よ》にあり得《え》ないようなことを、いろ〳〵と吹聴《ふいちょう》したのです。

然《しか》るに読者《どくしゃ》をして面白《おもしろ》く読《よ》ませれば、我事足《わがことた》りるといったような無節操《むせっそう》な商品化《しょうひんか》した新聞《しんぶん》は、常識《じょうしき》を忘《わす》れて狂人《きょうじん》の錯覚報告《さっかくほうこく》を真《まこと》しやかに書《か》き立《た》てたものですが、そんな罪状《ざいじょう》が大捜索《だいそうさく》によって現《あらわ》れよう筈《はず》がないのであります。泰山鳴動《たいざんめいどう》してネズミ一匹《ぴき》といいたいが、ネズミ一匹《ぴき》も出《で》なかったのです。

同年旧《どうねんきゅう》九月《がつ》五日京都地方裁判所《かきょうとちほうさいばんしょ》の第《だい》一審《しん》において有罪《ゆうざい》の判決《はんけつ》を受《う》け、控訴《こうそ》しましたが、時《とき》も時開祖《ときかいそ》の奥津城《おくつき》の改築《かいちく》は命《めい》ぜられる、本宮山《ほんぐうやま》の神殿《しんでん》は官憲《かんけん》の手《て》によって破《は》壊《かい》される、………大本《おおもと》としては多事多難《たじたなん》な年《とし》でした。

しかし、これも大本《おおもと》の如《ごと》き新《あたら》しい宗　教的運動《しゅうきょうてきうんどう》の初期《しょき》においては免《まぬが》れざる順路《じゅんろ》でありましょう。諺《ことわざ》に曰《い》う「巨大《きょだい》なる器《うつわ》には巨大《きょだい》なる影《かげ》がさす」と。また曰《いわ》く「敵無《てきな》きものは味方《みかた》もなし」と。今日《こんにち》の社会《しゃかい》よりの攻撃《こうげき》は実《じつ》に止《や》むを得《え》ざるものと思《おも》うのです。

本宮山《ほんぐうやま》の神殿《しんでん》が官憲《かんけん》の手《て》によって破壊《はかい》されたのは、大正《たいしょう》十年《ねん》十月《がつ》二十日《か》から一週《しゅう》間《かん》にわたってでありましたが、私《わたし》は十月《がつ》十八日《にち》より本宮山《ほんぐうやま》の麓《ふもと》にある「松雲閣《しょううんかく》」において『霊界物語《れいかいものがたり》』の口述《こうじゅつ》を開始《かいし》することになりました。

勿論《もちろん》神示《しんじ》のまゝを口述《こうじゅつ》するのでありますから、参考書《さんこうしょ》も何《なに》もある訳《わけ》でなく、口述《こうじゅつ》するのを傍《そば》に数名《すうめい》の筆録者《ひつろくしゃ》がいて筆記《ひっき》するのです。

これは明治《めいじ》三十一年《ねん》（1898）旧《きゅう》二月《がつ》九日《か》から一週間《しゅうかん》、高熊山《たかくまやま》において修行《しゅぎょう》した時《とき》、私《わたし》の霊魂《れいこん》が霊界《れいかい》に逍遥《しょうよう》して見聞《けんぶん》したことを基礎《きそ》として口述《こうじゅつ》したものです。始《はじ》めは綾《あや》部《べ》で致《いた》しましたが、その後《ご》は各地《かくち》に旅行《りょこう》して口述《こうじゅつ》しました。そして第《だい》一巻《かん》が発行《はっこう》されたのが、大正《たいしょう》十年十二月《ねんがつ》でした。一巻《かん》は四六版《ぱん》三六〇頁乃至《ページないし》五〇〇頁《ページ》で、全《ぜん》百二十巻《かん》の予定《よてい》で現在既《げんざいすで》に八十巻《かん》を終《お》え、目下引続《もっかひきつづ》き口述中《こうじゅつちゅう》です。

私《わたし》が『霊界物語《れいかいものがたり》』を口述《こうじゅつ》する目的《もくてき》は、開祖《かいそ》の筆先《ふでさき》の真精神《しんせいしん》を詳説《しょうせつ》して、「皇道大《こうどうおお》本《もと》」の教《おしえ》を真解《しんかい》せしめ人群万類《じんぐんばんるい》を安心立命《あんしんりつめい》せしめんがためであります。それ故《ゆえ》、私《わたし》は現代人《げんだいじん》の非難《ひなん》や攻撃《こうげき》などは余《あま》り意《い》に介《かい》しないので、長年月《ちょうねんげつ》の間《あいだ》において無限《むげん》なる人群《じんぐん》万類《ばんるい》のために師範《しはん》たるを得《え》ればよいのです。

そして『霊界物語《れいかいものがたり》』は百二十巻全部《かんぜんぶ》を読了《どくりょう》しなくては分《わか》らないというものではなく、非凡《ひぼん》の精神《せいしん》の持主《もちぬし》なれば一巻《かん》の或《あ》る一点《てん》を詠《よ》んでも、全巻《ぜんかん》の精神《せいしん》が判《わか》るのです。凡《すべ》て物《もの》は個体《こたい》によって全体《ぜんたい》が摂取《せっしゅ》され得《え》るものであります。

四、支那道院との提携

大正十二《たいしょう》（1923）年《ねん》九月《がつ》、彼《か》の関東大震災《かんとうだいしんさい》に際《さい》し、支那《しな》における新宗教《しんしゅうきょう》「支那《しな》道院《どういん》」の慈善事業部《じぜんじぎょうぶ》たる「世界紅卍字会《せかいこうまんじかい》」の中華総代表侯延爽氏《ちゅうかそうだいひょうこうえんそうし》の一行《こう》が、東京震《とうきょうしん》災救護局訪問《さいきゅうごきょくほうもん》のため渡日《とにち》し、多大《ただい》の銀及《ぎんおよ》び米穀《べいこく》を寄付《きふ》しましたが、この時《とき》に綾部《あやべ》を訪問《ほうもん》し、私《わたし》と会見《かいけん》したのが動機《どうき》となって、「皇道大本《こうどうおおもと》」と「支那道院《しなどういん》」との提携《ていけい》となりました。

私《わたし》は内地《ないち》の排他的既成宗教《はいたてききせいしゅうきょう》は後廻《あとまわ》しにして、海外《かいがい》の新《あたら》しい宗教運動《しゅうきょううんどう》や精神運動《せいしんうんどう》と提携《ていけい》して世界《せかい》の平和《へいわ》と幸福《こうふく》のために活動《かつどう》しょうと思《おも》いました。特《とく》に日支両国《にっしりょうこく》は、地理《ちり》の上《うえ》からは一衣帯水《いたいすい》（＝一筋の帯のような狭い川・海。その川や海峡を隔てて近接している。）、国防上《こくぼうじょう》からは唇歯輔車《しんしほしゃ》、商工《しょうこう》業上《ぎょうじょう》からは有無相補《うむあいおぎな》い、もって自然的《しぜんてき》に密接不離《みっせつふり》の関係《かんけい》があります。

故《ゆえ》に欧米《おうべい》に比《ひ》して日支両国《にっしりょうこく》は特殊《とくしゅ》の地位《ちい》にあり、共存共栄《きょうぞんきょうえい》の運命《うんめい》に惟神的《かむながらてき》に置《お》かれています。それで両国《りょうこく》は心《こころ》の底《そこ》より真《しん》の親善的交情《しんぜんてきこうじょう》を保有《ほゆう》し、決《けっ》して疎隔《そかく》すべきものではないのであります。然《しか》るに動《やや》もすれば、全支的大排日運動《ぜんしてきだいはいにちうんどう》を惹起《じゃっき》するに至《いた》るのは、何《なに》かの理由《りゆう》があるのではなかろうか、深《ふか》く考究《こうきゅう》すべき余地《よち》が充分《じゅうぶん》あると私《わたし》は考《かんが》えていました。要《よう》するに両国間《りょうこくかん》の離反《りはん》と不親善《ふしんぜん》とは、互《たがい》に意志《いし》そのものゝ疎隔《そかく》ということが一大原因《だいげんいん》だと思《おも》っていました。

五月九日《がつか》をもって「国辱記念日《こくじょくきねんび》」と称《とな》え、毎年《まいとし》一般《ぱん》に仕事《しごと》を休《やす》み、これが復仇《ふっきゅう》の想念《そうねん》を去《さ》らない如《ごと》きは、東洋《とうよう》の平和《へいわ》と人道《じんどう》の幸福《こうふく》のために、由々《ゆゆ》しき、悲《かな》しむべき大問題《だいもんだい》です。また一方《ぽう》には学生団体《がくせいだんたい》は、全国各省《ぜんこくかくしょう》にわたって常《つね》に排日宣伝《はいにちせんでん》の急先鋒《きゅうせんぽう》となって活動《かつどう》しているが、日本及《にほんおよ》び日本人《にほんじん》として看過《かんか》すべからざる問題《もんだい》だと思《おも》います。

　単純《たんじゅん》な彼等《かれら》学生《がくせい》の頭脳《ずのう》には、日本人《にほんじん》は憎《にく》むべき国民《こくみん》だ、侵略的国民《しんりゃくてきこくみん》だ、人《ひと》の弱身《よわみ》につけ込《こ》む風邪《かぜ》の神《かみ》だ、中国《ちゅうごく》の仇敵《きゅうてき》だと、教《おし》えられ且《か》つ煽動《せんどう》せられ、それを固信《こしん》して成《せい》長《ちょう》の後《のち》も先入主《せんにゅうしゅ》となり、日支両国《にっしりょうこく》の交情《こうじょう》に一大障害《だいしょうがい》を来《きた》すべきは当然《とうぜん》です。何程日《なにほどにっ》支親善《ししんぜん》を日本当局《にほんとうきょく》が宣伝《せんでん》しても、一旦深《たんふか》く〳〵植《う》え付《つ》けられた信念《しんねん》と悪感情《あくかんじょう》は、容易《ようい》に除去《じょきょ》されるものではありません。そして将来《しょうらい》において日支国交《にっしこっこう》の上《うえ》に一大禍根《だいかこん》を構《こう》成《せい》する恐《おそ》れがありはしないか、と私《わたし》は恐《おそ》れていました。我々《われわれ》はこの際国家《さいこっか》のため東洋《とうよう》のために、以上《いじょう》の如《ごと》き根底《こんてい》の深《ふか》い悪感情《あくかんじょう》を払拭《ふっしょく》し誠心誠意両国親善《せいしんせいいりょうこくしんぜん》の実《じつ》を挙《あ》げんと思《おも》えば、第一支那《だいしな》の耳目《じもく》を聳動《しょうどう》（＝恐れ動くこと。驚かし動かすこと。）するに足《た》る公平無私《こうへいむし》な精神的表《せいしんてきひょう》示《じ》をもって、最《もっと》も強《つよ》き感動《かんどう》を与《あた》え、両国民間《りょうこくみんかん》の感情《かんじょう》を融和《ゆうわ》し、漸次《ざんじ》に良好《りょうこう》な結果《けっか》を招《まね》くことに努《つと》めなくてはならぬ。要《よう》するに日支両国共通《にっしりょうこくきょうつう》の大理想《だいりそう》を樹《た》てゝ、それを現《げん》実化《じつか》せしめるより外《ほか》はないのです。

それで、先《ま》ず日本人《にほんじん》は支那語《しなご》を研究《けんきゅう》すること、民国学生《みんこくがくせい》の待遇《たいぐう》に注意《ちゅうい》すること、在《ざい》支日本人《しにほんじん》の劣悪分子《れつあくぶんし》を駆逐《くちく》し、至誠至直《しせいしちょく》の人物《じんぶつ》を送《おく》ること、両国学者芸術家《りょうこくがくしゃげいじゅつか》の往来《おうらい》親交《しんこう》を計《はか》ること、日本《にほん》の代表的人物《だいひょうてきじんぶつ》が支那《しな》に永住《えいじゅう》すること、両国《りょうこく》の教育家《きょういくか》を互《たが》いに交《こう》換《かん》すること、両国婦人間《りょうこくふじんかん》の交際《こうさい》を奨励《すいしょう》すること、両国間《りょうこくかん》の交通機関《こうつうきかん》を完備《かんび》し、貿易発《ぼうえきはっ》展《てん》の助成機関《じょせいきかん》を整頓《せいとん》し、両国同業者会合《りょうこくどうぎょうしゃかいごう》の度《ど》を多《おお》くすること、等数《などかぞ》え来《きた》れば幾《いく》らでもあろうが、両国親善《りょうこくしんぜん》の最《もっと》も適切《てきせつ》なるものは、日支両国《にっしりょうこく》の思想家《しそうか》及《およ》び宗教家《しゅうきょうか》の握手《あくしゅ》提携《ていけい》であります。一大理想家《だいりそうか》が日本《にほん》に現《あら》われて精神的親善《せいしんてきしんぜん》の実《じつ》を挙《あ》げ、東洋《とうよう》の禍根《かこん》を切断《せつだん》する大業《たいぎょう》を遂行《すいこう》する者《もの》がなければならないのです。

然《しか》るに因循姑息《いんじゅんこそく》、私利私欲《しりしよく》の外何物《ほかなにもの》もない現代《げんだい》には到底望《とうていのぞ》まれない今日《こんにち》の状態《じょうたい》です。過去《かこ》において日本《にほん》の人心《じんしん》を支配《しはい》して来《き》た仏教《ぶっきょう》や儒教《じゅきょう》は、当時《とうじ》の日本《にほん》の思想家《しそうか》や宗《しゅう》教家《きょうか》が支那《しな》に進《すす》んで留学《りゅうがく》したり、支那《しな》からも宗教家《しゅうきょうか》が頻々《ひんぴん》として渡日《とにち》するなど、宗《しゅう》教家《きょうか》の勢力《せいりょく》は盛《さか》んなもので、両国《りょうこく》とも甚大《じんだい》な帰依《きえ》と崇信《すうしん》を受《う》けたものであります。そのため国交上相互《こっこうじょうそうご》に大《だい》なる好影響《こうえいきょう》を受《う》けたものです。

支那《しな》には過去《かこ》王陽明《おうようめい》、老子《ろうし》、孔子《こうし》、孟子《もうし》の如《ごと》き偉大《いだい》なる思想家《しそうか》を出《だ》した国民《こくみん》であるから、今後如何《こんごいか》なる大人物《だいじんぶつ》が現《あらわ》れて、一大宗教《だいしゅうきょう》を樹立《じゅりつ》するかも知《し》れないと私《わたし》は考《かんが》えていました。そこへ「支那道院《しなどういん》」が現《あらわ》れたのです。私《わたし》は実《じつ》に歓喜《かんき》に堪《た》えざるところがあると思《おも》い、日本《にほん》の思想家宗教家《しそうかしゅうきょうか》たるものは、今日民国《こんにちみんこく》における最大権威《さいだいけんい》たる「支《し》那道院《などういん》」の教理《きょうり》や宣伝使《せんでんし》を軽視《けいし》することなく、共《とも》に握手提携《あくしゅていけい》して、その学《まな》ぶべきは学《まな》び、教《おし》えるべきは教《おし》え、相互《そうご》に修養研究《しゅうようけんきゅう》して、両国《りょうこく》の思想界《しそうかい》宗教界《しゅうきょうかい》に貢献《こうけん》するところが無《な》くてはならないと思《おも》いました。

然《しか》るに日本《にほん》の思想家《しそうか》宗教家《しゅうきょうか》は、「支那道院《しなどういん》」が関東《かんとう》の震災《しんさい》に就《つ》き絶大《ぜつだい》なる同情《どうじょう》を寄《よ》せて日本《にほん》に来《き》たのに対《たい》し、猜疑《さいぎ》の眼《まなこ》をもって迎《むか》え、折角《せっかく》の好機《こうき》を逸《いっ》してしまったのです。こゝにおいて吾人《ごじん》は大《おお》いに奮起《ふんき》して、日支親善《にっししんぜん》の好機《こうき》を逸《いっ》せざるようにと、侯延《こうえん》爽氏《そうし》と会見《かいけん》し、相互《そうご》に至誠《しせい》を吐露《とろ》し、精神的契合《せいしんてきけいごう》をなすに至《いた》ったのです。

爾来《じらい》「皇道大本《こうどうおおもと》」と「支那道院《しなどういん》」との関係《かんけい》は益々親密《ますますしんみつ》の度《ど》を加《くわ》え、今日《こんにち》では提携《ていけい》というよりは寧《むし》ろ合同《ごうどう》の域《いき》にまで進《すす》んでいます。「満州事変《まんしゅうじへん》」以来《いらい》、日支《にっし》が衝突《しょうとつ》していた時《とき》も、両教《りょうきょう》は全《まった》く協力《きょうりょく》して活動《かつどう》していたのです。

私《わたし》は「支那道院《しなどういん》」が日支両国民《にっしりょうこくみん》の親善《しんぜん》に役立《やくだ》ち、やがては朝鮮《ちょうせん》、インド等《とう》アジア諸《しょ》国民《こくみん》の精神連盟《せいしんれんめい》をなすべき階梯《かいてい》（＝昇降の階段。きざはし。学芸などを学ぶ段階。手引き。）となり、もって世界万国《せかいばんこく》に及《およ》ぼすべき実行機関《じっこうきかん》たることを疑《うたが》わないのです。

五、私の蒙古入り

私《わたし》は大正《たいしょう》十三年《ねん》（1924）二月《がつ》十三日《にち》、責付中《せきふちゅう》の身《み》でありましたが、数名《すうめい》の同志《どうし》と共《とも》に満蒙《まんもう》に入《はい》ろうと決心《けっしん》して日本《にほん》を出発《しゅっぱつ》しました。

「皇道大本《こうどうおおもと》」は既成宗教《きせいしゅうきょう》の如《ごと》く、現界《げんかい》を「厭離穢土《えんりえど》」（＝煩悩に汚れた現世をきらい離れること。）となし、未来《みらい》の天国《てんごく》や極楽《ごくらく》を希求《ききゅう》するのみの教《おしえ》ではありません。国祖《こくそ》の神《かみ》の仁慈無限《じんじむげん》なる神勅《しんちょく》により、日本神州《にほんしんしゅう》の民《たみ》と生《う》まれた我々国民《われわれこくみん》はこの尊《とうと》き神示《しんじ》を拝《はい》し、上《かみ》は御《ご》一人《にん》に対《たい》し奉《たてまつ》り、下《しも》は同胞《どうほう》の平和《へいわ》と幸福《こうふく》のためにのみならず、東亜諸国並《とうあしょこくなら》びに世界《せかい》の平和《へいわ》と幸福《こうふく》を来《きた》すべき神業《しんぎょう》に奉仕《ほうし》しなくてはならぬ責任《せきにん》をもっております。

私《わたし》は日本建国《にほんけんこく》の大精神《だいせいしん》を天下《てんか》に明《あき》らかにし、万世《ばんせい》一系《けい》の皇室《こうしつ》の尊厳無比《そんげんむひ》なることをあまねく天下《てんか》に示《しめ》し、且《か》つ日本《にほん》の建国《けんこく》の精神《せいしん》は征伐《せいばつ》にあらず、侵略《しんりゃく》にあらず、善言美《ぜんげんび》詞《し》の言霊《ことたま》をもって万国《ばんこく》の民《たみ》を神《かみ》の大道《だいどう》に言向和《ことむけやわ》すことと堅《かた》く信《しん》じております。

凡《すべ》て世界人類《せかいじんるい》を治《おさ》めるのには武力《ぶりょく》や智力《ちりょく》では到底駄目《とうていだめ》であります。結局《けっきょく》は精神的結《せいしんてきけつ》合《ごう》の要素《ようそ》たる凡《すべ》ての旧慣《きゅうかん》に囚《とら》われざる新宗教《しんしゅうきょう》の力《ちから》に依《よ》るより外《ほか》にないと考《かんが》え、また日本《にほん》における人口問題《じんこうもんだい》の解決《かいけつ》と日支《にっし》の国交《こっこう》を一層円満《そうえんまん》ならしめ、支那《しな》をして赤露《せきろ》の手《て》から解放《かいほう》し、日支《にっし》の提携《ていけい》によって満蒙開発《まんもうかいはつ》の実《じつ》を挙《あ》げようという計画《けいかく》でした。

この入蒙《にゅうもう》に就《つ》き、私《わたし》は予《あらかじ》め奉天《ほうてん》の張作霖《ちょうさくりん》の了解《りょうかい》を得《え》て、彼《かれ》の部下《ぶか》の一人《ひとり》なる盧《ろ》占魁《せんかい》を案内者兼護衛《あんないしゃけんごえい》として行《ゆ》くことにしたのです。この時《とき》における張作霖《ちょうさくりん》の立場《たちば》は、「奉直戦《ほうちょくせん》」(注)後《ご》、兵力《へいりょく》の足《た》らぬことを自覚《じかく》している際《さい》とて、内外蒙古《ないがいもうこ》において誰《だれ》でも構《かま》わない、有力《ゆうりょく》な運動《うんどう》をやって北京《ペキン》の背後《はいご》を牽制《けんせい》さえしてくれるものがあれば、「奉《ほう》直戦《ちょくせん》」の再挙《さいきょ》は出来《でき》ないのであるから、うまく行《ゆ》けば内外蒙古《ないがいもうこ》を掌中《しょうちゅう》に収《おさ》めることが出来《でき》る。うまく行《ゆ》かなかったところで、牽制運動《けんせいうんどう》になるという一挙両得《きょりょうとく》の策《さく》であるから、部下《ぶか》の一人《ひとり》、盧占魁《ろせんかい》を使《つか》って私《わたし》の案内役《あんないやく》に当《あた》らしめたので、武器《ぶき》なども後《あと》から必要《ひつよう》に応《おう》じて張作霖《ちょうさくりん》の手《て》で送《おく》ってくれる約束《やくそく》であったのです。

ところが、私等《わたしら》の一行《こう》が進《すす》んで行《ゆ》くと、風《ふう》を望《のぞ》んで来《きた》り集《あつま》るものが非常《ひじょう》な人数《にんずう》に達《たっ》し、瞬《またた》く間《ま》に大軍《たいぐん》になってしまいました。私《わたし》は一切《さい》の徴発略奪《ちょうはつりゃくだつ》を固《かた》く戒《いまし》め、病人《びょうにん》があれば病気《びょうき》を治《なお》してやり、貧窮者《ひんきゅうしゃ》には米塩《べいえん》を与《あた》えつゝ進《すす》んで行《ゆ》きました。

このようにして、非常《ひじょう》な勢《いきお》いをもって進《すす》んで行《い》った為《ため》に、今度《こんど》は張作霖《ちょうさくりん》が驚《おどろ》いて騒《さわ》ぎ出《だ》し、武器《ぶき》の供給《きょうきゅう》どころか、反対《はんたい》に我々《われわれ》の一行全滅《こうぜんめつ》の目的《もくてき》をもって討伐軍《とうばつぐん》を差《さ》し向《む》けて来《き》たので、勢《いきお》いこれと戦《たたか》わねばならぬ破目《はめ》に陥《おちい》り、戦《たたか》った結果《けっか》、弾丸《だんがん》の不足《ふそく》となり、パインタラ入《い》りとなって、遂《つい》に支那官兵《しなかんぺい》のために捕《とら》えられてしまったのです。

旧五月二十日《きゅうがつか》パインタラの「鴻賓旅館《こうひんりょかん》」という宿屋《やどや》に泊《とま》っていると、そこへ官兵《かんぺい》が来《き》て、否応《いやおう》なしに我々《われわれ》を捕縛《ほばく》し、また盧占魁《ろせんかい》の幕僚《ばくりょう》は敵《てき》の奸計《かんけい》に陥《おちい》り、官兵《かんぺい》から御《ご》馳走《ちそう》になって酔《よ》ったところを引《ひ》っくゝられ、片《かた》っぱしから銃殺《じゅうさつ》されてしまいました。

我々日本人《われわれにほんじん》は、盧占魁《ろせんかい》の幕僚部下等《ばくりょうぶかなど》が既《すで》に銃殺《じゅうさつ》されて大《だい》の字《じ》になってゴロ〳〵倒《たお》れているのを見《み》ながら、長《なが》い町《まち》を引《ひ》き廻《まわ》され、銃殺《じゅうさつ》の場所《ばしょ》へ引《ひ》っぱられて行《ゆ》きました。

やがて夜《よ》が更《ふ》けて旧五月二十一日午前《きゅうがつにちごぜん》一時頃《じごろ》になって、愈々銃殺《いよいよじゅうさつ》の段取《だんど》りとなった時《とき》、機関銃《きかんじゅう》の具合《ぐあい》でも悪《わる》かったと見《み》え、手元《てもと》で爆発《ばくはつ》し、あべこべに射手《しゃしゅ》が引《ひ》っくりかえってしまいました。私《わたし》はこの時《とき》、死《し》を決《けっ》して辞世《じせい》の歌《うた》を詠《よ》みました。

○身《み》はたとへ蒙古《もうこ》の野辺《のべ》にさらすとも日本男《やまとおの》子《こ》の品《しな》は落《おと》さじ

○いざさらば天津御国《あまつみくに》にかけ上《のぼ》り日《ひ》の本《もと》のみか世界守《せかいまも》らむ

○日《ひ》の本《もと》を遠《とお》く離《はな》れて我《われ》は今蒙古《いまもうこ》の空《そら》に神《かみ》となりなむ

我々《われわれ》は最後《さいご》に日本帝国万歳《にほんていこくばんざい》、大本万歳《おおもとばんざい》を三唱《しょう》したが、急《きゅう》に銃殺《じゅうさつ》は今晩《こんばん》ということになって、二人《ふたり》づつ繋《つな》ぎ合《あ》わされ、更《さら》に六人《にん》を一つに縛《しば》られて、通遼公署附属《つうりょうこうしょふぞく》へ連《つ》れて行《ゆ》かれ、厳重《げんじゅう》な死刑囚《しけいしゅう》の取扱《とりあつかい》をされました。

話《はなし》が変《か》わって、パインタラの「鴻賓旅館《こうひんりょかん》」で一行《こう》が捕縛《ほばく》された時《とき》、丁度泊《ちょうどとま》り合《あ》わせていた鄭家屯《ていかとん》の稲田袈裟義《いなだけさよし》という日本人《にほんじん》がいました。まさか捕縛《ほばく》されたのが日本人《にほんじん》であるとは知《し》らなかったのですが、旅館《りょかん》の中《なか》に遺棄《いき》されてあった竹《たけ》の杓子《しゃくし》（これは表裏《ひょうり》に私《わたし》が歌《うた》を書《か》き、王仁《おに》として拇印《ぼいん》を押《お》したもの）を拾《ひろ》って見《み》ると、初《はじ》めて日本人《にほんじん》であることが解《わか》り、夜明《よあ》けを待《ま》って一番汽車《ばんきしゃ》で鄭家屯《ていかとん》の「日本領事館《にほんりょうじかん》」へ届《とど》け、「昨夜日《さくやに》本人《ほんじん》がパインタラの鴻賓旅館《こうひんりょかん》で支那官兵《しなかんぺい》のために捕縛《ほばく》された」と報告《ほうこく》したので、領事《りょうじ》館《かん》ではそれは大変《たいへん》であるというので、早速土屋書記生《さっそくつちやしょきせい》が飛《と》んで来《き》て、引渡《ひきわた》し方《かた》を交《こう》渉《しょう》したのです。

支那側《しながわ》では、蒙古人《もうこじん》として、例《れい》の機関銃《きかんじゅう》でその晩銃殺《ばんじゅうさつ》することを決《き》めていたのですが、日本領事館《にほんりょうじかん》から公式《こうしき》の交渉《こうしょう》があったので、国際関係上銃殺《こくさいかんけいじょうじゅうさつ》する訳《わけ》に行《ゆ》かず、七月五日《がつかか》一行《こう》を日本領事館《にほんりょうじかん》へ引《ひ》き渡《わた》したのです。実《じつ》に危機《きき》一髪《ぱつ》でありました。

かくして旧《きゅう》六月《がつ》二十五日《にち》、我々《われわれ》一行《こう》は内地《ないち》へ護送《ごそう》されたのです。

（注）「奉直戦」（奉直戦争）中国の軍閥、奉天派の張作霖と直隷派呉佩孚《ごはいふ》との戦争。北京の支配権をめぐる対立に起因し、第一次（1922年）は英米派の呉が勝利、第二次（1924年）は日本に援助された張が勝利する。

私《わたし》の蒙古入《もうこい》りはこれで一段落《だんらく》を告《つ》げたのですが、当時《とうじ》人々《ひとびと》は私《わたし》が失敗《しっぱい》したようにいいました。しかし、私《わたし》は非常《ひじょう》に大成功《だいせいこう》であると信《しん》じていたのです。何《なん》となれば私《わたし》が満蒙《まんもう》に蒔《ま》いた種子《たね》は、ズンく成長《せいちょう》して、その後青海王雅楞丕《のちせいかいおうヤーロンペー》は二十九旗《き》（国）を代表《だいひょう》して、わざく私《わたし》を日本《にほん》に訪《たず》ね来《き》た私《わたし》と師弟《してい》の約《やく》を結《むす》んだ位《くらい》です。また従来《じゅうらい》満蒙問題《まんもうもんだい》に無関心《むかんしん》であった国民《こくみん》に一つの刺激剤《しげきざい》になったと信《しん》じているのです。私《わたし》の入蒙後《にゅうもうご》八年《ねん》を経《へ》て「満州事変《まんしゅうじへん》」が勃発《ぼっぱつ》したのであります。私《わたし》は既《すで》に大正《たいしょう》六年《ねん》に私《わたし》の著《ちょ》『瑞《みづ》の神歌《しんか》』において、日清《にっしん》、日露《にちろ》、世界《せかい》の戦争《せんそう》が一番叟《ばんそう》、二番叟《ばんそう》、三番叟《ばんそう》であり、愈々《いよいよ》初段《しょだん》となればシベリヤ線《せん》を花道《はなみち》として悪魔《あくま》が神国日本《しんこくにほん》に攻《せ》め来《く》ることを警告《けいこく》し、私《わたし》が蒙古《もうこ》に行《い》ったのも今日《こんにち》あることを前知《ぜんち》していたからです。

六、海外に於ける諸団体との提携

大正《たいしょう》十二（1923）年《ねん》七月《がつ》、「皇道大本《こうどうおおもと》」は国際補助語《こくさいほじょご》エスペラントを採用《さいよう》し、海《かい》外《がい》における新《あたら》しい宗教運動《しゅうきょううんどう》や精神運動《せいしんうんどう》と提携《ていけい》して活動《かつどう》することになりました。先《ま》ず「支那道院《しなどういん》」と結《むす》び、私《わたし》の入蒙後即《にゅうもうごすなわ》ち大正《たいしょう》十四（1925）年《ねん》五月《がつ》、北京悟善社《ペキンごぜんしゃ》において私《わたし》の提唱《ていしょう》により「世界宗教連合会《せかいしゅうきょうれんごうかい》」の発会式《はっかいしき》を挙《あ》げました。由来宗教家《ゆらいしゅうきょうか》に偏見《へんけん》はつきもので、自己《じこ》の信《しん》じる宗派《しゅうは》に囚《とら》われる余《あま》り他《た》を目《もく》して異端邪説《いたんじゃせつ》と罵《ののし》り、外道迷信《げどうめいしん》と嘲《あざけ》って宗祖《しゅうそ》の真意《しんい》に背《そむ》くことになるのです。それでは宗教本来《しゅうきょうほんらい》の目的《もくてき》に反《はん》するので、宗教宗派《しゅうきょうしゅうは》の障壁撤廃《しょうへきてっぱい》と門戸開放《もんこかいほう》を唱導《しょうどう》し、「天地惟神《てんちかむながら》の大道《だいどう》」に直面《ちょくめん》すべきものたることを信《しん》じて、宗教連合《しゅうきょうれんごう》の挙《きょ》を起《おこ》したのですが、この企画《きかく》に参加《さんか》したのは除世光氏《じょせいこうし》（前大総院除余昌氏《ぜんだいそういんじょせいしょうし》の実弟《じってい》）を首脳《しゅのう》とする道院《どういん》、江朝宗氏《こうちょうそうし》（前陸軍《ぜんりくぐん》大臣《たいじん》）を社長《しゃちょう》とする「悟善社《ごぜんしゃ》」の救世新教《きゅうせいしんきょう》の外《ほか》、儒教《じゅきょう》、道教《どうきょう》、回々教《フイフイきょう》、仏教《ぶっきょう》、ラマ教《きょう》、キリスト教等《きょうとう》でありました。

そして「世界宗教連合会《せかいしゅうきょうれんごうかい》」が内外蒙古《ないがいもうこ》において最《もっと》も信仰的勢力《しんこうてきせいりょく》を有《ゆう》する章嘉大《しょうかだい》活仏《かつぶつ》をそのラマ教代表《きょうだいひょう》として得《え》たことは有意義《ゆういぎ》なことです。何故《なぜ》なれば蒙古開発《もうこかいはつ》には各地《かくち》の旗《き》（王《おう》）の了解《りょうかい》を得《え》ることが必要《ひつよう》であると共《とも》に、この大活仏《だいかつぶつ》の協賛《きょうさん》を最《もっと》も必《ひっ》須要件《すようけん》とするからです。

その発会式《はっかいしき》において幾多《いくた》の異教徒《いきょうと》が一堂《どう》に会《かい》して、和気藹々裡《わきあいあいり》に、宣言書並《せんげんしょなら》びに規《き》約《やく》を議定《ぎじょう》し、職員《しょくいん》を選《えら》び、最後《さいご》に食卓《しょくたく》を共《とも》にして胸襟《きょうきん》を開《ひら》いて大《おお》いに快談《かいだん》したことは、当時《とうじ》の北京《ペキン》の宗教界《しゅうきょうかい》に大《だい》なるセンセーションを起《おこ》したのです。各宗各派《かくしゅうかくは》の権威《けんい》者《しゃ》が各自《かくじ》の属《ぞく》する宗規《しゅうき》を遵守《じゅんしゅ》し、しかも他《た》の信仰《しんこう》を尊重《そんちょう》し合《あ》って世界《せかい》の平和人類幸福《へいわじんるいこうふく》の大局《たいきょく》に立脚《りっきゃく》した会合《かいごう》であったのです。現在《げんざい》「世界宗教連合会《せかいしゅうきょうれんごうかい》」の総本部《そうほんぶ》は北京《ペキン》に、東洋本部《とうようほんぶ》は京都府亀岡町天恩郷《きょうとふかめおかちょうてんおんきょう》に置《お》かれております。

更《さら》に私《わたし》は大正《たいしょう》十四（1925）年《ねん》六月《がつ》、「人類愛善会《じんるいあいぜんかい》」を創立《そうりつ》しました。「人類愛善会《じんるいあいぜんかい》」は単《たん》に宗教《しゅうきょう》ばかりでなく、人種《じんしゅ》、その他《た》あらゆる障壁《しょうへき》を超越《ちょうえつ》して、人類《じんるい》は人類愛善《じんるいあいぜん》の大義《たいぎ》に目覚《めざ》め、永遠《えいえん》に幸福《こうふく》と歓喜《かんき》に充《み》てる光明世界《こうみょうせかい》を実現《じつげん》するため、最善《さいぜん》の努力《どりょく》を尽《つく》そうという主旨《しゅし》の下《もと》に創立《そうりつ》されたものです。これは今日世界的《こんにちせかいてき》に発展《はってん》していますが、別項《べっこう》「人類愛善会《じんるいあいぜんかい》」において詳述《しょうじゅつ》されることと思《おも》いますから、こゝでは述《の》べません。

目下《もっか》「皇道大本《こうどうおおもと》」と提携《ていけい》または合同《ごうどう》している世界《せかい》の新宗教《しんしゅうきょう》（或《あるい》は新精神《しんせいしん》）運動《うんどう》と称《しょう》する信仰団体《しんこうだんたい》で主《おも》なるものは左《さ》の如《ごと》くです。

道院《どういん》　世界紅卍字会《せかいこうまんじかい》　支《し》　那《な》　母院《ぼいん》……済南《さいなん》（中国山東省の省都。黄河の南岸で、津浦・膠済両鉄道の交点。物産集散地で、重工業も発達。）
総院《そういん》……北平《ペイピン》
主院《しゅいん》……奉天《ほうてん》

救世新教悟善社《きゅうせいしんきょうごぜんしゃ》　支《し》　那《な》

白露系団《はくろけいだん》　ロシヤ

全露新神霊協会《ぜんろしんしんれいきょうかい》　ロシヤ
白色旗団《はくしょくきだん》　ドイツ
白色連盟《はくしょくれんめい》　ブルガリヤ
在理会《ざいりかい》　満州《まんしゅう》
在家裡《ざいかり》　満州《まんしゅう》
ラマ教《きょう》　蒙古《もうこ》

これ等《ら》の中《うち》で最《もっと》も「皇道大本《こうどうおおもと》」と密接《みっせつ》な関係《かんけい》のあるのは、支那《しな》の「道院《どういん》・世界紅卍字会《せかいこうまんじかい》」です。現《げん》に「皇道大本本部《こうどうおおもとほんぶ》」には「道慈課《どうじか》」という一課《か》が設《もう》けられ（昭和七年《しょうわねん》二月《がつ》）、はじめ道院側《どういんがわ》の幹部《かんぶ》である侯延爽氏《こうえんそうし》がその課長《かちょう》に任《にん》ぜられ、亀岡《かめおか》に移住《いじゅう》していましたが、只今《ただいま》では満州《まんしゅう》に帰《かえ》り、同地《どうち》で専《もっぱ》ら活動《かつどう》しています。

「道院《どういん》」の起源《きげん》は大正《たいしょう》十（1921）年立春《ねんりっしゅん》です。（＝大正十一年立春に正式認可され、これをもって道院は創立記念日とする。）

初《はじ》めに山東省《さんとうしょう》の首府《しゅふ》・済南府《さいなんふ》から東北約《とうほくやく》七十里余《りよ》、黄河《こうが》の下流渤海湾《かりゅうぼっかいわん》に近《ちか》い浜県《ひんけん》という所《ところ》の知事《ちじ》・呉福林《ごふくりん》（号《ごう》・幼琴《ようきん》、道名《どうみょう》・福永《ふくえい》）と同地《どうち》の駐防営長《ちゅうぼうえいちょう》・劉紹基《りゅうしょうき》（号《ごう》・綿三《めん》或《あるい》は蓀《そん》、道名《どうみょう》・福縁《ふくえん》）の二名《めい》が県署《けんしょ》に壇《だん》を設《もう》けて神仏《しんぶつ》の降臨《こうりん》を仰《あお》ぎ神託《しんたく》を受《う》けつゝあったが、一日「老祖久《ろうそひさ》しからずして世《よ》に降《くだ》り却《きゃく》を救《すく》ひ給《たま》ふ、是《こ》れ数万年遇《すうまんねんあ》ひ難《がた》きの機縁《きえん》なり、汝等壇《なんじらだん》を設《もう》けて之《これ》を求《もと》めよ」との神示《しんじ》（尚真人《しょうしんじん》の神示《しんじ》）があり、後間《のちま》もなく、「老祖《ろうそ》」の壇訓《だんくん》が現《あら》われることになり、そして「老祖《ろうそ》」とは宇宙《うちゅう》の主神《すしん》、最高《さいこう》の神霊《しんれい》にして、壇《だん》を済南《さいなん》にある劉福縁氏《りゅうふくえんし》の住宅《じゅうたく》に移《うつ》すべきことを乩示《けいじ》されたのです。

それより、入信帰依者続出《にゅうしんきえしゃぞくしゅつ》して参《まい》りまして、今《いま》や南北支那《なんぼくしな》の主要都市殆《しゅようとしほとん》ど洩《も》らす所《ところ》なく「道院《どういん》」を設置《せっち》するに至《いた》っております。

それで済南道院《さいなんどういん》を「母院《ぼいん》」、北平《ペイピン》と天津《てんしん》との道院《どういん》を「総院《そういん》」、奉天道院《ほうてんどういん》を「主院《しゅいん》」（東北主院《とうほくしゅいん》）として各地《かくち》の道院《どういん》を統轄《とうかつ》しております。

日本《にほん》においては「道院《どういん》」は多《おお》く、大本《おおもと》の別院《べついん》、分院《ぶんいん》、分所《ぶんしょ》、支部《しぶ》に併置《へいち》されております。

「老祖《ろうそ》」は日本《にほん》の「天之御中主大神《あめのみなかぬしのおおかみ》」に相当《そうとう》する神《かみ》でありまして、「道院《どういん》」では「至《し》聖先天老祖《せいせんてんろうそ》」と申上《もうしあ》げ、至尊至貴《しそんしき》の神《かみ》として祭祀《さいし》する外《ほか》にその下《した》に万教同根《ばんきょうどうこん》の意義《いぎ》を如実《にょじつ》に示《しめ》して、世界《せかい》の代表的《だいひょうてき》五大教祖《だいきょうそ》を合祀《ごうし》されております。

五大教祖《だいきょうそ》とは、老子《ろうし》（道教《どうきょう》）、釈迦《しゃか》（仏教《ぶっきょう》）、マホメット（回々教《フイフイきょう》）、キリスト（キリスト教《きょう》）、項先師《こうせんし》（儒教《じゅきょう》、孔子《こうし》の師《し》）で、その外《ほか》にも諸神諸仏諸聖賢《しょしんしょぶつしょせいけん》をも合祀《ごうし》されております。

道院《どういん》の道《みち》は即《すなわ》ち惟神《かむながら》の大道《だいどう》の道《みち》の謂《い》いであって、「道教《どうきょう》」よりとり来《きた》ったものではないのです。故《ゆえ》に「道院《どういん》」は単《たん》なる宗教《しゅうきょう》ではなく、先天《せんてん》の「惟神《かむながら》の大道《だいどう》」に依《よ》って世界《せかい》を改造《かいぞう》せんとする純真《じゅんしん》なる信仰団体《しんこうだんたい》であるから、「皇道大本《こうどうおおもと》」の教《おしえ》と一致《ち》するのです。既成宗教《きせいしゅうきょう》が何《いず》れも人造的見解《じんどうてきけんかい》を立《た》て、本来《ほんらい》の使命《しめい》を果《はた》さないので、各宗教《かくしゅうきょう》共《とも》それぞれ開祖立教《かいそりっきょう》の真精神《しんせいしん》に帰《かえ》ったものがあれば、これと協力《きょうりょく》し、更《さら》に未《いま》だ至《いた》らず迷《まよ》えるものを嚮導《きょうどう》（＝先だって導く事。）して世界《せかい》の和平大同《わへいだいどう》を促進《そくしん》せんとするのが根本《こんぽん》ですから、極《きわ》めて包容的《ほうようてき》であって、従来《じゅうらい》の信仰《しんこう》そのまゝにても差支《さしつか》えなく、それ〴〵の開祖《かいそ》を通《つう》じて「根元《こんげん》の主神《すしん》に接《せっ》せよ」というのです。

それ故《ゆえ》、その正式大祭《せいしきたいさい》の外《ほか》四月《がつ》八日《か》釈迦《しゃか》の誕生日《たんじょうび》には仏教徒《ぶっきょうと》の外他宗派《ほかたしゅうは》の人々《ひとびと》も一堂《どう》に会《かい》して神前《しんぜん》に額《ぬか》づきその歓《よろこ》びを共《とも》にし、また十二月《がつ》二十五日《にち》のクリスマスにはキリスト信者《しんじゃ》のみならず他教《たきょう》の人々《ひとびと》も相共《あいとも》に「道院《どういん》」に集《あつ》まり祭典奉仕《さいてんほうし》してその歓《よろこ》びを分《わか》ち合《あ》うのです。

「道院《どういん》」の「院則《いんそく》」の中《なか》に「道務《どうむ》」として左《さ》の通《とお》り挙《あ》げております。

道務《どうむ》

一、道徳《どうとく》を崇尚《すうしょう》して以《もっ》て大同《だいどう》を企《くわだ》つ道《みち》
二、道旨《どうし》を闡揚《せんよう》して以《もっ》て化度《けど》を宏《ひろ》む
三、学校《がっこう》を設立《せつりつ》して以《もっ》て平民《へいみん》を恵《めぐ》む
四、善挙《ぜんきょ》を力行《りっこう》して以《もっ》て倫群《りんぐん》を利《り》す
五、実業《じつぎょう》を興辦《こうべん》して以《もっ》て慈欵《じかん》を裕《ゆたか》にす

更《さら》に規約《きやく》として

一、道範《どうはん》を奠《さだ》む、
二、道規《どうき》を守《まも》る、

三、道功《どうこう》を重《おも》んずる、

四、道務《どうむ》を尽《つく》す、

五、道誼《どうぎ》を敦《あつ》くする、とあり、

また戒律《かいりつ》には

六　箴《しん》＝守実《しゅじつ》、誡悪《かいあく》、去愚《きょぐ》、守寂《しゅじゃく》、居誡《きょかい》、警思《けいし》、

四去誡《きょかい》＝去矜《きょきん》、去急《きょきゅう》、去偏《きょへん》、去躁《きょそう》、

十　誡《かい》＝誡不倫《かいふりん》、誡不徳《かいふとく》、誡不暴《かいふぼう》、誡不義《かいふぎ》、誡不慈《かいふじ》、誡隠善《かいいんぜん》、誡残害《かいざんがい》、誡詭秘《かいきひ》、誡嫉侮《かいしっぷ》、誡軽褻《かいけいせつ》

とあり、何《いず》れも自己《じこ》を修《おさ》め、日曜日毎《にちようびごと》には黙々《もくもく》として過《すご》し、毎月朔日《まいつきついたち》、十五日《にち》には、神前《しんぜん》に跪坐礼拝黙祷《きざれいはいもくとう》をさゝげて省赦《しょうしゃ》を求《もと》めることになっております。

乩《チ》（扶乩《フーチ》）

神示《しんじ》は凡《すべ》て乩示《けいじ》に依《よ》るのでありまして、これを「扶乩《フーチ》」と申《もう》します。昔時《せきじ》（唐《とう》の時《じ》代《だい》）某僧《ぼうそう》が山中《さんちゅう》にて途《みち》に迷《まよ》いし時《とき》、両童子《りょうじどう》が柳《やなぎ》の枝《えだ》の両端《りょうたん》を互《たがい》に持《も》ち砂上《さじょう》に文字《もじ》を書《か》いているのを見《み》て、この法《ほう》によって神示《しんじ》を得《え》る事《こと》になったのが、支那《しな》における乩《けい》の初《はじ》まりです。巫《ふ》の字《じ》、筮《ぜい》の字《じ》は象形文字《しょうけいもじ》として乩《けい》の形容並《けいようなら》びに意義《いぎ》を現《あらわ》したものです。

現今用《げんこんもち》いられる乩《けい》は乩筆《けいひつ》（木筆《もくひつ》ともいう）というて約《やく》三尺《じゃく》ばかりの木《き》の棒《ぼう》の中央《ちゅうおう》に五六寸程《すんほど》の小《ちい》さな先《さき》の尖《とが》った棒《ぼう》を丁字形《ていじけい》に取《と》りつけたものと、沙盤《さばん》というて巾《はば》二尺《しゃく》四五寸《すん》、長《なが》さ三尺位《じゃくくらい》の浅《あさ》い箱《はこ》に細沙《さいさ》を平《たいら》かに盛《も》ったものを壇上《だんじょう》に置《お》き、一人《ひとり》は西面《せいめん》して右手《みぎて》、一人《ひとり》は東面《とうめん》して左手《ひだりて》に棒《ぼう》を支持《しじ》するのです。そして神位《しんい》は南面《なんめん》になるよう壇上《だんじょう》に供物《そなえもの》を捧《ささ》げ、沙盤《さばん》の下手《しもて》の壇上《だんじょう》には燈明《とうみょう》、焼香等《せんこうとう》の設備《せつび》をします。字《じ》は一字《じ》一字現《じあら》われるのですが、写字《しゃじ》の速度《そくど》は通常《つうじょう》一時間《じかん》に千二三百字《じ》、速《はや》い時《とき》は二千二三百字《じ》です。

またこの沙字《さじ》の外《ほか》、木筆《もくひつ》を括《くく》りつけて、書《しょ》や画《え》をかゝれる事《こと》も自由《じゆう》です。これを書《しょ》画壇《がだん》といいます。欧米《おうべい》のプランセットまたはコルベイユ等《とう》の自動書記《じどうしょき》と異《こと》なる点《てん》は二人《たり》でやることです。

○

壇訓《だんくん》=扶乩《フーチ》によって示《しめ》された訓示《くんじ》を「壇訓《だんくん》」といい、「道院《どういん》」では絶対《ぜったい》に信頼《しんらい》され尊重《そんちょう》され、また壇訓通《だんくんどう》りに何事《なにごと》も実行《じっこう》されているのでして、この点頗《てんすこぶ》る嘆賞《たんしょう》すべきであります。「壇訓《だんくん》」を仰《あお》ぐ時《とき》には神座《しんざ》を設《もう》け、燈明《とうみょう》を点《てん》じ、香《こう》を焼《た》き神饌《しんせん》を献《ささ》げて、これに奉侍《ほうじ》する人《ひと》は極《きわ》めて敬虔静粛《けいけんせいしゅく》に進退《しんたい》して、最《もっと》も神聖《しんせい》なる行事《ぎょうじ》となすものでありまして、愈々《いよいよ》乱筆《けいひつ》を支《ささ》え持《も》った二人《たり》（簒者《さんしゃ》）が鎮魂状態《ちんこんじょうたい》に入《はい》れば乱筆《けいひつ》は自《みずか》ら動《うご》いて沙盤《さばん》の上《うえ》に文字《もじ》を書《か》き現《あら》わすのです。文字《もじ》は神前《しんぜん》の方《ほう》より見《み》る様《よう》に書《か》かれるので、簒者《さんしゃ》より見《み》れば横《よこ》になって現《あら》われる、その沙《すな》の上《うえ》に書《か》かれし文字《もじ》を側《そば》にあって読《よ》み上《あ》げるのが簒者《さんしゃ》でこれを筆録《ひつろく》して行《ゆ》くものを録者《ろくしゃ》といい、かくて文字《もじ》が続《つづ》けざまに出《で》て文章《ぶんしょう》をなすのでありまして文字《もじ》は読《よ》み上《あ》げる毎《ごと》に簒者《さんしゃ》の手《て》によって板《いた》にて消《け》されてゆきます。

その降臨《こうりん》される神霊《しんれい》には、老祖《ろうそ》を初《はじ》め、五大教祖《だいきょうそ》、その外諸々《ほかもろもろ》の神仙聖仏《しんせんせいぶつ》があって、何《いず》れも最初《さいしょ》にその如何《いか》なる神霊《しんれい》であるかを示《しめ》され、やがて種々《しゅじゅ》の訓文《くんぶん》が出《で》るのです。その文体《ぶんたい》の如《ごと》きは神霊《しんれい》に依《よ》って各特徴《かくとくちょう》があります。

「世界紅卍字会《せかいこうまんじかい》」というのは、即《すなわ》ち「道院《どういん》」の趣旨《しゅし》によるところの、実際的方面《じっさいてきほうめん》における社会事業団体《しゃかいじぎょうだんたい》であって、「道院《どういん》」との関係《かんけい》は恰《あたか》も「皇道大本《こうどうおおもと》」と「人類愛善会《じんるいあいぜんかい》」との関係《かんけい》に似《に》ております。

「世界紅卍字会《せかいこうまんじかい》」は、総《すべ》て「道院《どういん》」の檀訓《だんくん》によって諸種《しょしゅ》の社会事業《しゃかいじぎょう》に従事《じゅうじ》しているのですが、支那《しな》の国状《こくじょう》に即《そく》して物質的救済事業《ぶっしつてききゅうさいじぎょう》に主力《しゅりょく》を置《お》いて天災地変《てんさいちへん》による罹災民《りさいみん》の救済《きゅうさい》や、窮民《きゅうみん》に対《たい》する施粥《せじゅく》の如《ごと》き、失業者《しつぎょうしゃ》に対《たい》する授産場《じゅさんじょう》の設備《せつび》とか、貧民子弟《ひんみんしてい》のための学校経営《がっこうけいえい》、感化院《かんかいん》、残廃院《ざんはいいん》の設立《せつりつ》、無料診療所《むりょうしんりょうしょ》、慈恵院《じけいいん》の設備《せつび》の外《ほか》、傷兵難民《しょうへいなんみん》の救護《きゅうご》、戦死者《せんししゃ》の埋葬等《まいそうとう》までもやっておりますが、これは目下《もっか》の支那《しな》は日本《にほん》のように「赤十字《せきじゅうじ》」の完全《かんぜん》な設備《せつび》がないために最《もっと》も必要《ひつよう》なものとなっています。

◯

「救世新教悟善社《きゅうせいしんきょうごぜんしゃ》」は「道院《どういん》」と姉妹関係《しまいかんけい》になっています。

○

「聖道理善会在理会《せいどうりぜんかいざいりかい》」とは昭和《しょうわ》六（1931）年《ねん》十二月《がつ》、奉天《ほうてん》において提携《ていけい》が成立《せいりつ》したのです。この「在理会《ざいりかい》」は明朝《みんちょう》の末期《まつき》から清朝《しんちょう》の初《はじ》めに起《おこ》った宗教的《しゅうきょうてき》の結社《けっしゃ》であって、その信者《しんじゃ》は北支那《きたしな》及《およ》び満州《まんしゅう》にわたって非常《ひじょう》に多数《たすう》に上《のぼ》っています。

開祖《かいそ》は羊祖《ようそ》と申《もう》し、南海大士聖字仏《なんかいだいとせいじぶつ》、即《すなわ》ち観世音菩薩《かんぜおんぼさつ》よりの直伝《じきでん》によって悟《さと》りを開《ひら》いたといわれております。孝悌《こうてい》、忠信《ちゅうしん》、礼儀《れいぎ》、廉恥《れんち》を宗旨《しゅうし》とし、異端《いたん》を崇敬《すうけい》せぬ事《こと》、法術《ほうじゅつ》を用《もち》いざる事《こと》、儒教《じゅきょう》を補《おぎな》って道《みち》を明《あき》らかにする事《こと》、王化《おうか》を助《たす》け人心《じんしん》をたゞす、教《おしえ》を弘《ひろ》め世人《せじん》を導《みちび》く、奇矯《ききょう》をなさぬ、出家僧《しゅっけそう》の如《ごと》く山《やま》に隠《かく》れ行《ぎょう》などをせぬ等《など》がその教旨《きょうし》の主《おも》なるもので、学者的《がくしゃてき》よりも実行主義《じっこうしゅぎ》であり、絶対《ぜったい》に禁酒《きんしゅ》、禁煙《きんえん》を実行《じっこう》しています。本部《ほんぶ》は天津《てんしん》にあり、教会《きょうかい》の数《かず》は支那全土《しなぜんど》に三千あるといわれています。

○

「在家裡《ツアイチヤーリ》」は「在理会《ざいりかい》」と兄弟分《きようだいぶん》で、今《いま》より二百余年前《よねんまえ》青幇《せいほう》と同《おな》じく羅祖《らそ》より出《い》でたものであります。上海《シヤンハイ》及《およ》び長江《ちようこう》一帯《たい》では青幇《せいほう》と紅幇《こうほう》とが一大勢力《だいせいりよく》をもっていますが、山東《さんとう》より満州《まんしゆう》にかけては、青幇《せいほう》でも青幇《せいほう》といわず、在家裡《ツアイチヤーリ》といっている位《くらい》有勢《ゆうせい》です。大連《だいれん》よりハルピンに至《いた》る満州《まんしゆう》の各都市《かくとし》には千名乃至《めいないし》三千名以上《めいいじよう》の幇員《ほういん》があって、軍人《ぐんじん》、商工《しようこう》、官吏《かんり》の入会者《にゆうかいしや》が多《おお》く、社会的《しやかいてき》に一大潜勢力《だいせんせいりよく》をもっています。

「在家裡《ツアイチヤーリ》」の宗旨目的《しゆうしもくてき》は、心身《しんしん》の修養《しゆうよう》と、幇員《ほういん》の共存共栄《きようぞんきようえい》であって、社会的職業《しやかいてきしよくぎよう》的《てき》に幇員《ほういん》の互助《ごじよ》につとめ、いやしくも会員《かいいん》たる以上《いじよう》は何程《なにほど》の困難災厄《こんなんさいやく》に対《たい》しても、またそれが何《いず》れの地《ち》で如何《いか》なる階級《かいきゆう》の会員《かいいん》でも、一度入会《どにゆうかい》の地《ち》と老師《ろうし》の姓名《せいめい》とを説明《せつめい》すれば、その生命《せいめい》と財産《ざいさん》は救助維持《きゆうじよいじ》されるのです。

たゞ「在家裡《ツアイチャーリ》」の内容《ないよう》は絶対秘密《ぜったいひみつ》で、親子《おやこ》兄弟《きょうだい》と雖《いえど》も、会員外《かいいんがい》の者《もの》に対《たい》しては内《ない》容《よう》について語《かた》らないのです。

○

昭和《しょうわ》七（1932）年《ねん》六月《がつ》十八日《にち》、奉天《ほうてん》に於《お》いて蒙古《もうこ》のラマ教《きょう》との正式提携《せいしきていけい》が成立《せいりつ》し、提携書《ていけいしょ》を交換《こうかん》して共《とも》に活動《かつどう》を誓《ちか》っております。

○

「白色旗団《はくしょくきだん》」は本部《ほんぶ》を南《みなみ》ドイツウエルデンベルグ、プフリンゲン市《し》に置《お》き、現在《げんざい》の統率者《とうそつしゃ》はシュヴイツェル博士《はかせ》です。

その発端《ほったん》は北米《ほくべい》で、一八二〇年《ねん》鍛冶職《かじしょく》の息《そく》フイネアス・バーカス・キンビー氏《し》が開《かい》祖《そ》であります。ドイツに輸入《ゆにゅう》せられてより、僅々数年間《きんきんすうねんかん》に数百万《すうまん》の同志《どうし》を得《え》て、ライ

ン河畔《かはん》に療養所《りょうようしょ》を設《もう》け、心霊治療《しんれいちりょう》や精神修養《せいしんしゅうよう》をやっています。その「綱領《こうりょう》」は、

「人間《にんげん》の凡《すべ》ての思想《しそう》と行為《こうい》とを霊化《れいか》せしめ、神人合一《しんじんごういつ》の達成《たっせい》と、地上天国《ちじょうてんごく》の実現《じつげん》を目標《もくひょう》として現代人類間《げんだいじんるいかん》に潜伏《せんぷく》せる癌《がん》を散《ち》らし、世界同胞《せかいどうほう》の帰《き》一によって宗教的倫理的《しゅうきょうてきりんりてき》社会的根本問題解決《しゃかいてきこんぽんもんだいかいけつ》の実際的効果《じっさいてきこうか》を挙《あ》げんとす」

というのです。

大本《おおもと》との提携《ていけい》は大正《たいしょう》十五（1926）年《ねん》五月《がつ》、プフリング（プフリンゲン）市《し》において行《おこな》われました。

○

「万国白色連盟《ばんこくはくしょくれんめい》」は一種《しゅ》の世界統一運動《せかいとういつうんどう》の精神団体《せいしんだんたい》であって、統率者《とうそつしゃ》はペートル・ダーノフ氏《し》であります。本部《ほんぶ》はブルガリヤ国《こく》ソフィヤ市郊外《しこうがい》にあります。その「教旨《きょうし》」は、

（一）一つの新《あたら》しき精神的《せいしんてき》の光《ひかり》によって人間《にんげん》の霊性《れいせい》を啓発《けいはつ》すること。自然《しぜん》の進化《しんか》と人《にん》間《げん》の霊魂《れいこん》の進化《しんか》を規則正《きそくただ》しくする法律《ほうりつ》に関《かん》する積極的知識《せっきょくてきちしき》と真《しん》の観念《かんねん》を得《え》せしめること。

（二）人間《にんげん》の心《こころ》の中《なか》に最高《さいこう》の感覚《かんかく》を注《そそ》ぎ込《こ》んで、人間《にんげん》の心《こころ》を崇高化《すうこうか》すること。

（三）人間《にんげん》の中《なか》から人生《じんせい》における活動的創造者《かつどうてきそうぞうしゃ》を造《つく》り出《だ》して人間《にんげん》の心《こころ》に真《しん》の力《ちから》を与《あた》えること。

大本《おおもと》との提携《ていけい》は昭和《しょうわ》三（1928）年《ねん》です。

七　芸術と宗教

芸術《げいじゅつ》と宗教《しゅうきょう》とは兄弟姉妹《きょうだいしまい》の如《ごと》く、親子《おやこ》の如《ごと》く、夫婦《ふうふ》の如《ごと》きもので、二つながら人心《じんしん》の至情《しじょう》に根底《こんてい》を固《かた》め、共《とも》に霊魂最深《れいこんさいしん》の要求《ようきゅう》を充《み》たしつゝ、人《ひと》をして神《かみ》の温《あたた》かき懐《ふところ》に立《た》ち帰《かえ》らしめる人生《じんせい》の大導師《だいどうし》です。地獄的苦悶《じごくてきくもん》の生活《せいかつ》より天国浄土《てんごくじょうど》の生活《せいかつ》に旅立《たびだ》たしめる嚮導者《きょうどうしゃ》であります。

故《ゆえ》に吾々《われわれ》は左手《ひだりて》を芸術《げいじゅつ》に曳《ひ》かせ、右手《みぎて》を宗教《しゅうきょう》に委《ゆだ》ねて、人生《じんせい》の逆旅《ぎゃくりょ》を楽《たの》しく幸多《さちおお》くたどり行《ゆ》かしめんと欲《ほっ》するのです。矛盾多《むじゅんおお》く憂患繁《ゆうかんしげ》き人生《じんせい》の旅路《たびじ》をしてさながら鳥《とり》歌《うた》い花笑《はなわら》う楽園《らくえん》の観《かん》あらしめるものは、実《じつ》にこの美《うつく》しき姉妹即《しまいすなわ》ち芸術《げいじゅつ》と宗教《しゅうきょう》の好伴《こうはん》侶《りょ》を有《ゆう》するが故《ゆえ》であります。

私《わたし》は常《つね》に「芸術《げいじゅつ》は宗教《しゅうきょう》の母《はは》なり」といっております。しかし私《わたし》のいう芸術《げいじゅつ》とは今日《こんにち》の社会《しゃかい》に行《おこな》われる如《ごと》きものをいったのではないのです。造化《ぞうか》の偉大《いだい》なる力《ちから》によって造《つく》られた天地間《てんちかん》の神羅万象《しんらばんしょう》は何《いず》れも皆神《みなかみ》の芸術的産物《げいじゅつてきさんぶつ》であります。この大芸術者《だいげいじゅつしゃ》即《すなわ》ち造物主《ぞうぶつしゅ》の内面的真諦《ないめんてきしんてい》に触《ふ》れ、神《かみ》と共《とも》に悦楽《えつらく》し、神《かみ》と共《とも》に活《い》き、神《かみ》と共《とも》に働《はたら》かんとするのが真《しん》の宗教《しゅうきょう》でなければなりません。

そういう意味《いみ》における真《しん》の天国《てんごく》に永久《えいきゅう》に楽《たの》しく遊《あそ》ばしめんとする微意《びい》より、私《わたし》は「明光運動《めいこううんどう》」を起《おこ》しております。「明光社本部《めいこうしゃほんぶ》」を京都府亀岡町天恩郷《きょうとふかめおかちょうてんおんきょう》に置《お》き、支社《ししゃ》を各地《かくち》に設置《せっち》し、雑誌《ざっし》『明光《めいこう》』を発行《はっこう》しています。

八、非常時日本と国防運動

人類《じんるい》一般《ぱん》の希望《きぼう》は世界《せかい》の平和《へいわ》と幸福《こうふく》を企図《きと》する外《ほか》に何《なに》もないのです。しかし、今日《こんにち》は社会主義《しゃかいしゅぎ》や既成宗教家等《きせいしゅうきょうかとう》の唱《とな》える如《ごと》く、武備《ぶび》を撤廃《てっぱい》して真《しん》の平和《へいわ》と幸福《こうふく》を得《え》ることは出来《でき》ない情勢《じょうせい》です。

造物主《ぞうぶつしゅ》の意志《いし》は必《かなら》ずしも武力《ぶりょく》を備《そな》えて平和《へいわ》を維持《いじ》せよという考《かんが》えではないが、兎《と》も角人間《かくにんげん》というものは余《あま》り完全《かんぜん》に造《つく》られ、余《あま》りに自由《じゆう》を与《あた》えられているがために、それに増長《ぞうちょう》して天地《てんち》の御恩《ごおん》を忘《わす》れ、利己主義《りこしゅぎ》に走《はし》り、自己《じこ》の発展《はってん》のみを考《かんが》えて他《た》を顧《かえり》みない獣性《じゅうせい》をもっています。

故《ゆえ》に我皇祖《わがこうそ》は「三種《しゅ》の神器《じんき》」を世界統治《せかいとうち》の大権《たいけん》として皇孫《こうそん》にお授《さず》けになったのも、

主《しゅ》とするものは「剣《つるぎ》」でした。「玉《たま》」は平和《へいわ》を象徴《しょうちょう》し、武器《ぶき》は大《おお》きくいえば国防《こくぼう》、小《ちい》さくいえば護身《ごしん》を意味《いみ》しています。

世界《せかい》の各国《かっこく》が人文《じんぶん》の発達《はったつ》につれて生存競争《せいぞんきょうそう》が激《はげ》しくなり、その個人《こじん》の生存競争《せいぞんきょうそう》は拡大《かくだい》して一郷《きょう》の競争《きょうそう》となり、一国《こく》の競争《きょうそう》となって来《き》たのです。

神国《しんこく》が完全《かんぜん》に樹立《じゅりつ》されるまでは、国《くに》を守《まも》る上《うえ》において武器《ぶき》が必要《ひつよう》です。武器《ぶき》を完全《かんぜん》に備《そな》えることは国防《こくぼう》の第《だい》一義《ぎ》であり、細矛千足《くわしほこちたる》の国《くに》の名《な》に叶《かな》う所以《ゆえん》です。

日本人《にほんじん》の「大和魂《やまとだましい》」というものは、仁《じん》もあり義《ぎ》もあり、礼《れい》もあり、智《ち》もあり、信《しん》もあるが、その中《なか》で勇《ゆう》なるものが主《しゅ》となっております。

特《とく》に我《わが》日本《にほん》は神代《かみよ》において渤海湾《ぼっかいわん》からゴビの砂漠《さばく》、新疆《しんきょう》まで海《うみ》が続《つづ》き、日本海《にほんかい》はほとんど瀬戸内海《せとないかい》の如《ごと》きもので、小船《こぶね》で交通《こうつう》が出来《でき》ていたのです。それがために、日本《にほん》が全《ぜん》アジヤを支配《しはい》していたのであり、また蒙古《もうこ》の大中心《だいちゅうしん》にまで大《おお》きな海《うみ》が入《い》り込《こ》んでおったので、気候《きこう》が暖和《だんわ》であり、今日《こんにち》の如《ごと》く寒冷荒涼《かんれいこうりょう》の地《ち》ではなかったのです。

その時分《じぶん》にはこのアジヤ方面《ほうめん》を扼《やく》していたから、他国《たこく》よりアジヤ（アジヤとは葦原《あしはら》の国《くに》のことで、日本《にほん》を意味《いみ》する）をどうすることも出来《でき》なかったが、現在《げんざい》では日本海《にほんかい》の島々《しまじま》が沈没《ちんぼつ》してわずかに壱岐《いき》、対馬《つしま》、佐渡等《さどとう》の核心《かくしん》だけが残《のこ》り、四方環海《ほうかんかい》の国《くに》になってしまったのです。

それがため交通《こうつう》が出来《でき》なくなり、年処《ねんしょ》を経《へ》るに従《したが》ってアジヤの統一《とういつ》が出来《でき》なくなり言語《げんご》、風俗等《ふうぞくとう》も変《か》わってしまって、蒙古《もうこ》や支那《しな》のことは分《わか》らなくなってしまったのです。

それで、今日《こんにち》の日本《にほん》としてはどうしても陸海軍《りくかいぐん》の拡張《かくちょう》、新式《しんしき》の武器《ぶき》、潜水艦等《せんすいかんとう》の必《ひつ》要《よう》を感《かん》じて来《き》たのです。これらの武器《ぶき》の完備《かんび》した国《くに》が世界《せかい》に独立《どくりつ》して憚《はばか》らず、圧倒《あっとう》されず、平和《へいわ》と幸福《こうふく》を確保《かくほ》することが出来《でき》るのです。
軍縮会議《ぐんしゅくかいぎ》というようなものが出来《でき》て、互《たが》いに他《た》を犯《おか》さないような相談《そうだん》が出来《でき》ている
が、その裏面《りめん》には各国《かっこく》が孜々営々《ししえいえい》として武備《ぶび》の拡張《かくちょう》を競《きそ》っているのであるから、日本《にほん》
のみが馬鹿正直《ばかしょうじき》に空文《くうぶん》の約束《やくそく》を守《まも》る必要《ひつよう》はないだろうと思《おも》います。
日本《にほん》は国民皆兵《こくみんかいへい》の国《くに》であり、皇室《こうしつ》を御本家《ごほんけ》として、我々《われわれ》は畏《かしこ》くも家族《かぞく》と見《み》なされて
いる国《くに》であるから、軍人《ぐんじん》でなくとも、老若男女《ろうにゃくなんにょ》にかゝわらず、この国防《こくぼう》の完成《かんせい》に努力《どりょく》
するのが当然《とうぜん》であります。
国防《こくぼう》ということは大《だい》にして国家《こっか》の平和《へいわ》と幸福《こうふく》、小《しょう》にしては個人《こじん》の平和《へいわ》と幸福《こうふく》、これ
を拡大《かくだい》すれば世界《せかい》の平和幸福《へいわこうふく》をもたらすことになるのです。それでこの場合《ばあい》、どれ程《ほど》
苦《くる》しくても、貧乏《びんぼう》しても、我国民《わがこくみん》は一切《さい》を国防《こくぼう》に傾《かたむ》けて祖先《そせん》の墳墓《ふんぼ》の国《くに》たる我国《わがくに》のた

めに最後《さいご》まで力《ちから》をそゝがねばならぬ時期《じき》が到来《とうらい》したのです。それで私《わたし》は「昭和青年会《しょうわせいねんかい》」「昭和坤生会《しょうわこんせいかい》」「大日本武道宣揚会《だいにほんぶどうせんようかい》」を起《おこ》して、非常時日本《ひじょうじにほん》のために活動《かつどう》しているのです。

しかし、日本《にほん》の建国《けんこく》の大精神《だいせいしん》、大理想《だいりそう》はどこまでも「道義的統《どうぎてきとう》一」であって、武力《ぶりょく》的統《てきとう》一でないことは申《もう》す迄《まで》もありません。「皇道大本《こうどうおおもと》」をたゞ普通《ふつう》の宗教《しゅうきょう》の如《ごと》く見《み》ている人《ひと》は、何故《なぜ》大本《おおもと》は戦争《せんそう》に反対《はんたい》しないのかという人《ひと》がありますが、日本国民《にほんこくみん》は「教育勅語《きょういくちょくご》」にお示《しめ》しになられている通《とお》り「一旦緩急《たんかんきゅう》アレバ義勇公《ぎゆうこう》ニ奉《ほう》ジ」て起《た》たなければならないのです。こゝが「皇道《こうどう》」即《すなわ》ち「惟神《かむながら》の大道《だいどう》」と普通《ふつう》の宗教《しゅうきょう》と異《こと》なるところです。これまでの宗教《しゅうきょう》がともすると、現代《げんだい》の国家《こっか》を無視《むし》したり軽視《けいし》したりするのは大《だい》なる欠陥《けっかん》であります。

第二編　皇道大本大意

一、大本教義の本質

大本《おおもと》の教義《きょうぎ》は、「皇道《こうどう》」即《すなわ》ち「天地惟神《てんちかむながら》の大道《だいどう》」であって、所謂宗教《いわゆるしゅうきょう》ではないのです。それで、「皇道大本《こうどうおおもと》」と称《とな》え、開教以来《かいきょういらい》四十年余《ねんあま》りひたすらに皇道《こうどう》の宣伝《せんでん》と実行《じっこう》とに努《つと》めているのですから、既成宗教《きせいしゅうきょう》を観《み》る眼《め》を以《もっ》て「皇道大本《こうどうおおもと》」に対《たい》しても、その真相《しんそう》を正視《せいし》することは困難《こんなん》です。

さて我々《われわれ》は常《つね》に「真理《しんり》」ということを、言《い》いもし、聞《き》きもします。「真理《しんり》」とは、天地間《てんちかん》に惟神《かむながら》に行《おこな》われている「道理《どうり》」であって、これを外《ほか》にして森羅万象《しんらばんしょう》一切《さい》の存在《そんざい》は無《な》いのです。

近来科学《きんらいかがく》の進歩《しんぽ》は、日月星辰等《にちげつせいしんとう》の極大世界《きょくだいせかい》に行《おこな》われている「真理《しんり》」と、細胞《さいぼう》、幺微《ようび》物《ぶつ》（＝微生物《びせいぶつ》）、電子等《でんしとう》の極小世界《きょくしょうせかい》に行《おこな》われている「真理《しんり》」とは一貫《かん》したもので、事《じ》物《ぶつ》に大小《だいしょう》、広狭《こうきょう》、深浅《しんせん》、明暗等《めいあんとう》の区別《くべつ》はあっても、「真理《しんり》」は常《つね》に単一無雑《たんむざつ》であること、また内容複雑《ないようふくざつ》を極《きわ》めた複合体《ふくごうたい》であっても、内容《ないよう》の一つ一つに働《はたら》く「真理《しんり》」は如何《いか》にも複雑《ふくざつ》のようであるが、「複合体《ふくごうたい》として単一無雑《たんむざつ》の真理《しんり》に統一《とう》されている」ということなどが明《あき》らかとなり、こゝに科学者《かがくしゃ》また宇宙意志《うちゅういし》なる単一無雑《たんむざつ》の大精神《だいせいしん》があって、その意志《いし》のまにく森羅万象《しんらばんしょう》を造《つく》り、森羅万象《しんらばんしょう》を統一《とう》して、こゝに宇宙美観《うちゅうびかん》を成立《せいりつ》しているると推定《すいてい》し得《え》たのでありまして、そしてその意志《いし》に対《たい》しては「神《かみ》という言葉《ことば》より外《ほか》に適当《てきとう》の名詞《めいし》が無《な》い」と唱導《しょうどう》するに至《いた》ったのです。

科学《かがく》が物質《ぶっしつ》に偏重《へんちょう》し、神《かみ》も霊魂《れいこん》も無《な》いとしていたのは、つい近《ちか》き過去《かこ》の事《こと》でありましたが電子発見以来《でんしはっけんいらい》かくのごとく宇宙真相《うちゅうしんそう》の一端《たん》を知《し》り得《え》たことは、まことに慶賀《けいが》すべきことです。

この宇宙意志《うちゅういし》に対《たい》し、『日本神典《にほんしんてん》』では天之御中主大神《あめのみなかぬしのおおかみ》と奉称《ほうしょう》してありまして、大《おお》神《かみ》は愛《あい》（善《ぜん》）と信《しん》（真《しん》）との神格《しんかく》を以《もっ》て万有《ばんゆう》を生成化育《せいせいかいく》（＝生み、育てること。）し、宇宙《うちゅう》を営為《えいい》（＝いとなみ。）し給《たま》うのです。

科学上《かがくじょう》からも、熱《ねつ》と光《ひかり》の研究《けんきゅう》が進《すす》むにつれ、次第《しだい》に神格《しんかく》に接近《せっきん》しつゝありますが、熱《ねつ》は形而上《けいじじょう》には愛《あい》として、光《ひかり》は形而上《けいじじょう》には真《しん》として働《はたら》くからです。

それで「皇道《こうどう》」といい、「真理《しんり》」といい、「天地惟神の大道《てんちかむながらのだいどう》」といい、ひとしく大《おお》神《かみ》の神格《しんかく》たる「愛善信真《あいぜんしんしん》」の運用活現《うんようかつげん》を指《さ》したものであって、天道《てんどう》、地道《ちどう》、人道《じんどう》とは、神格《しんかく》の行《おこな》われている範囲《はんい》の名称《めいしょう》に外《ほか》ならないのです。

二、皇道大本教義の由来

大本《おおもと》の教義《きょうぎ》即《すなわ》ち「皇道《こうどう》」は、何人《なんびと》により、また如何《いか》なる方法《ほうほう》の下《もと》に伝達闡明《でんたつせんめい》（＝明らかにする。）されたかを先《ま》ずお話《はな》ししておく必要《ひつよう》があります。

大本教義《おおもときょうぎ》は開祖出口直子刀自《かいそでぐちなおことじ》の帰神《きしん》によって闡明《せんめい》されたのです。即《すなわ》ち開祖《かいそ》の手《て》によって成《な》れる『筆先《ふでさき》』こそ「大本教義《おおもときょうぎ》の主体《しゅたい》」をなすものです。

そしてその真意《しんい》を私《わたし》は『霊界物語《れいかいものがたり》』その他《た》の著述《ちょじゅつ》、「鎮魂帰神《ちんこんきしん》」、「大本言霊学《おおもとげんれいがく》」、「天津金木学《あまつかなぎがく》」によって、闡明《せんめい》したのです。

『霊界物語《れいかいものがたり》』に就《つ》いては既《すで》に述《の》べましたが、「鎮魂帰神《ちんこんきしん》」は、古来皇国独特《こらいこうこくどくとく》の神法《しんぽう》であって、神人交通《しんじんこうつう》の至上道《しじょうどう》であります。

「大本言霊学《おおもとげんれいがく》」は、従来《じゅうらい》の「言霊学《げんれいがく》」を多年研究《たねんけんきゅう》した結果《けっか》、私《わたし》が完成《かんせい》したもので、この活用《かつよう》によって『日本神典《にほんしんてん》』の真解《しんかい》と、未知《みち》の真理《しんり》が続々開発《ぞくぞくかいはつ》されたのです。

例《たと》えば従来《じゅうらい》「祝詞《のりと》の解説《かいせつ》」などにしても、無数《むすう》に出《で》ていますが、全部文章辞儀《ぜんぶぶんしょうじぎ》の解釈《かいしゃく》のみに拘泥《こうでい》し、その中《なか》に籠《こも》れる深奥《しんおう》の真意義《しんいぎ》には殆《ほとん》ど一端《たん》にさえ触《ふ》れていないのです。『太祓祝詞《おおはらいのりと》』の真意義《しんいぎ》は『古事記《こじき》』と同様《どうよう》に、「大本言霊学《おおもとげんれいがく》」の鍵《かぎ》で開《ひら》かねば開《ひら》き得《え》られません。さもなければ『古事記《こじき》』が一つの幼稚《ようち》なる「神話《しんわ》」としか見《み》えぬと同様《どうよう》に、『太祓祝詞《おおはらいのりと》』も下《くだ》らぬ罪悪《ざいあく》の列挙《れっきょ》、形容詞《けいようし》が沢山《たくさん》の長文句位《ながもんくくらい》にしか見《み》えないのです。

ところが、一旦言霊《たんげんれい》の活用《かつよう》を以《もっ》てその秘奥《ひおう》を開《ひら》いて見《み》ると、偉大《いだい》というか、深遠《しんえん》というか、たゞく驚嘆《きょうたん》の外《ほか》はありません。我国体《わがこくたい》の精華《せいか》がこれによって発揮《はっき》せられるのは勿論《もちろん》のこと、天地《てんち》の経綸《けいりん》、宇宙《うちゅう》の神秘《しんぴ》は精《くわ》しきが上《うえ》にも精《くわ》しく説《と》かれ、明《あき》らかなる上《うえ》にも明《あき》らかに教《おし》えられているのです。これを要《よう》するに、皇道《こうどう》の神髄《しんずい》は『太祓《おおはらい》祝詞《のりと》』一篇《ぺん》に結晶《けっしょう》しているので、長短粗密《ちょうたんそみつ》の差異《さい》こそあれ、『古事記《こじき》』及《およ》び大本《おおもと》の『筆先《ふでさき》』とその内容《ないよう》は全部符節《ぜんぶふせつ》を合《がっ》するのです。

「天津金木学《あまつかなぎがく》」は、「言霊学《げんれいがく》」と共《とも》に皇国天啓《こうこくてんけい》の二大学問《だいがくもん》です。金木《かなぎ》というのは、周易《しゅうえき》の算木《さんぎ》に相当《そうとう》するものであるが、より以上《いじょう》に神聖《しんせい》で、正確《せいかく》であります。その数《すう》三十二本《ほん》を並《なら》べて、十六結《けつ》を作成《さくせい》し、その象《しょう》を観《み》て、天地《てんち》の経綸人道政治《けいりんじんどうせいじ》一切《さい》の得失《とくしつ》興廃等《こうはいとう》を察《さつ》するのです。

以上《いじょう》の方法《ほうほう》の下《もと》に大本教義《おおもときょうぎ》は大成《たいせい》されたのであって、大本教義《おおもときょうぎ》を「天授《てんじゅ》の真理也《しんりなり》」と公表《こうひょう》してあるのもこのためです。

以下《いか》、大本《おおもと》において闡明《せんめい》された皇道《こうどう》の中《うち》、直接何人《ちょくせつなんびと》にも関係《かんけい》ある要項《ようこう》を概説《がいせつ》することと致《いた》します。

三、皇道と日本

人道即《じんどうすなわ》ち人生《じんせい》に於《お》ける皇道《こうどう》の実現《じつげん》は、万国《ばんこく》に比《ひ》して日本《にほん》が最《もっと》も卓越《たくえつ》していることは、古往今来事実《むかしからじじつ》の立証《りっしょう》するところです。それには理由《りゆう》がありまして「日本《にほん》は組織的《そしきてき》には世界《せかい》の中枢《ちゅうすう》であり、有機的《ゆうきてき》には世界《せかい》の頭脳《ずのう》である」からです。このことは『大本神諭《おおもとしんゆ》』に明示《めいじ》されてあり、また「言霊学《げんれいがく》」、「天津金木学《あまつかなぎがく》」によって根本的《こんぽんてき》に判《わか》るのですが、こゝには地理学上《ちりがくじょう》より見《み》たる相対関係《そうたいかんけい》を掲《かか》げて読者《どくしゃ》の参照《さんしょう》に供《きょう》するに止《とど》めておきます。

日本国土《にほんこくど》は、頭脳《ずのう》と全身《ぜんしん》における相対関係《そうたいかんけい》と同様《どうよう》、世界《せかい》の縮図《しゅくず》です。即《すなわ》ち北海道《ほっかいどう》が北《きた》アメリカに相応《そうおう》し、樺太《からふと》はグリーンランドに、四国《こく》は豪州《ごうしゅう》（＝オーストラリア）に、九州《しゅう》はアフリカに、台湾《たいわん》は南《みなみ》アメリカにそして本土《ほんど》はアジヤ、ヨーロッパの大陸《たいりく》に相応《そうおう》しているので、この相対関係《そうたいかんけい》は地形《ちけい》といい、地勢《ちせい》といい、あまりにも酷似《こくじ》しているのに驚《おどろ》くのです。

その上《うえ》、南北《なんぼく》に長《なが》くわたっているがため、寒温《かんおん》、熱《ねつ》、三帯《たい》の気候《きこう》をかね、土地《とち》は肥《ひ》沃《よく》で産物頗《さんぶつすこぶ》る豊饒《ほうぎょう》、風光《ふうこう》は明媚《めいび》で空気《くうき》と水《みず》が一段清澄《だんせいちょう》である等《とう》、万足《よろずたら》はぬ物《もの》なき瑞《みず》穂《ほ》の国《くに》として、類《たぐい》なき美《うま》し国《くに》として、全世界《ぜんせかい》から羨望《せんぼう》の的《まと》とされているのです。

「皇祖皇宗国《こうそこうそうくに》ヲ肇《はじ》ムルコト宏遠《こうえん》ニ」と詔《みことの》らせ給《たま》いし聖旨《せいし》を一層深《そうふか》く拝察《はいさつ》し得《う》ると同《どう》

時《じ》に、皇道《こうどう》が日本《にほん》の天地《てんち》に充溢《じゅういつ》して無比《むひ》の国魂《くにたま》と精華《せいか》なる国体《こくたい》を成就《じょうじゅ》している所以《ゆえん》が了解《りょうかい》されるのです。

四、皇道と天皇

精神《せいしん》が頭脳《ずのう》を中枢《ちゅうすう》として全身《ぜんしん》を統御《とうぎょ》していると同様《どうよう》、世界統御《せかいとうぎょ》の中枢《ちゅうすう》は世界《せかい》の頭脳《ずのう》であらねばなりませぬ。建国《けんこく》の初《はじ》めより日本《にほん》は特《とく》に神国《しんこく》と称《しょう》せられ、万世《ばんせい》一系天壌《けいてんじょう》無窮《むきゅう》の皇位《こうい》を奉戴《ほうたい》し、天立君主立憲政治《てんりつくんしゅりつけんせいじ》の国体《こくたい》を成《な》していることは、蓋《けだ》し当然《とうぜん》といわねばなりませぬ。

それで、天皇《てんのう》は皇道《こうどう》を以《もっ》て世界《せかい》を統御《とうぎょ》すべき御天職《ごてんしょく》を負《お》わせ給《たま》うのであるから、皇《こう》祖《そ》天照大神《あまてらすおおかみ》の天壌無窮《てんじょうむきゅう》の御神勅《ごしんちょく》と共《とも》に、世界的《せかいてき》「主《しゅ》、師《し》、親《しん》」の三大徳《だいとく》を享有《きょうゆう》し給《たま》うのでありまして、三種《しゅ》の神器《じんき》は実《じつ》にこの「三大徳《だいとく》の表象《ひょうしょう》」であります。即《すなわ》ち「八咫神鏡《やたのかがみ》」は世界《せかい》の「師《し》」たる御徳《おんとく》を表象《ひょうしょう》したもので、御本質《ごほんしつ》は「言霊《ことたま》」であります。コトバは道《みち》であり「神《かみ》」であります。それで神鏡《しんきょう》は皇祖大神《こうそおおかみ》の御心《みこころ》です。『日《に》本神典《ほんしんてん》』は神鏡《しんきょう》の映発《えいはつ》ですから、言霊《ことたま》によらねば真解《しんかい》は出来《でき》ないのです。

八尺勾玉《やさかのまがたま》（＝八尺瓊勾玉《やさかにのまがたま》）は「真善美愛《しんぜんびあい》」を意味《いみ》し、一切《さい》の親《おや》たるべき御徳《おんとく》の表象《ひょうしょう》で、天皇《てんのう》の玉体《ぎょくたい》が勾玉《まがたま》の御本体《ごほんたい》であらせられます。

草那藝神剣《くさなぎのつるぎ》は世界統御《せかいとうぎょ》の大権即《たいけんすなわ》ち主《しゅ》たる御徳《おんとく》の表象《ひょうしょう》でありまして、日本国土《にほんこくど》が神《しん》剣《けん》の本体《ほんたい》です。

日本《にほん》の神社《じんじゃ》には祭祀《さいし》の形式《けいしき》として「璽《じ》・鏡《きょう》・剣《けん》」が祭《まつ》ってあることは周知《しゅうち》の事実《じじつ》

ですが、人類《じんるい》もまた各自《かくじ》小《しょう》なる形而上《けいじじょう》の神器《じんき》を享《う》けて生《う》まれているのです。しかし、皇位継承《こういけいしょう》の神器《じんき》は、我皇室《わがこうしつ》以外《いがい》には絶無《ぜつむ》であることは無論《むろん》です。

五、皇道と日本人

世界《せかい》の頭脳《ずのう》たる日本《にほん》、皇道発揚《こうどうはつよう》の中枢《ちゅうすう》たる日本《にほん》に生《うま》れた日本人《にほんじん》は、それだけの特性《とくせい》があり、優越性《ゆうえつせい》があるのでしょうか。然《しか》り、脳細胞《のうさいぼう》が全身各種《ぜんしんかくしゅ》の細胞《さいぼう》に比《ひ》して最高等《さいこうとう》細胞《さいぼう》に位《くらい》し、機能《きのう》もまた最《もっと》も霊妙《れいみょう》であるごとく、真理《しんり》は日本人《にほんじん》に対《たい》して脳細胞《のうさいぼう》のそれのごとくあるべきことを黙示《もくじ》しているのです。

実際《じっさい》、日本人《にほんじん》は、日本魂《やまとだましい》として世界《せかい》に誇《ほこ》るべき国民性《こくみんせい》、僅《わず》かの期間《きかん》に物質文明《ぶっしつぶんめい》を完成《かんせい》した智力《ちりょく》、また世界《せかい》の随所《ずいしょ》において寒暑風土《かんしょふうど》に耐《た》える健実《けんじつ》なる体力等《たいりょくとう》、大《おお》いに心強《こころつよ》く感《かん》ずる訳《わけ》ですが、欧米《おうべい》に師事《しじ》した先入主《せんにゅうしゅ》がなかく除《と》れないので、徹底的《てっていてき》な立証《りっしょう》を見《み》ないと、自分《じぶん》の優越性《ゆうえつせい》について俄《にわか》に首肯《しゅこう》しがたいかも知《し》れませぬ。

人類《じんるい》の比較《ひかく》には精神肉体両方面《せいしんにくたいりょうほうめん》の精査《せいさ》を要《よう》する訳《わけ》ですが、簡明的《かんめいてき》に優劣《ゆうれつ》の標準《ひょうじゅん》を示《しめ》すものは血液《けつえき》、頭髪《とうはつ》、言霊《ことたま》の三つです。そして日本人《にほんじん》はこの点《てん》において最《もっと》も優《すぐ》れているのです。近時科学上《きんじかがくじょう》からもこれを、確認《かくにん》しているのです。欧米人《おうべいじん》の中《なか》にも、既《すで》に白色人種《はくしょくじんしゅ》の全盛時代《ぜんせいじだい》は峠《とうげ》を越《こ》して黄色人種《おうしょくじんしゅ》が優勢《ゆうせい》になることを自覚《じかく》している有識者《ゆうしきしゃ》が出《で》ております。

六、皇道と神道

「皇道《こうどう》」と「神道《しんどう》」とを同一視《どういつし》している人《ひと》もあるようですが、「神道《しんどう》」は世界各国《せかいかっこく》に行《おこな》われている宗教《しゅうきょう》に対《たい》する名称《めいしょう》であって、「皇道《こうどう》」とは元《もと》から区別《くべつ》があります。

元来真《がんらいしん》の「神道《しんどう》」は、「皇道《こうどう》」に立脚《りっきゃく》して正《ただ》しく神々《かみがみ》の神格《しんかく》を奉釈《ほうしゃく》し、これを実地《じっち》に顕彰《けんしょう》し活用《かつよう》せねばなりませぬが、こうした「神道《しんどう》」は今《いま》のところ何処《どこ》にも無《な》いようです。最《もっと》も卓越《たくえつ》した日本《にほん》の各神道《かくしんどう》においてすら、教義《きょうぎ》の内容《ないよう》が分裂《ぶんれつ》して肝腎《かんじん》の統一点《とういってん》が無《な》くなり、世界各国《せかいかっこく》の宗教《しゅうきょう》と殆《ほとん》ど異《こと》ならず、権威《けんい》もなく教化《きょうか》の実《じつ》も揚《あ》がらないのです。

七、皇道と既成宗教

総《すべ》ての宗教《しゅうきょう》は、何《いず》れも皇道《こうどう》に帰結《きけつ》すべき貴重性《きちょうせい》を持《も》った天産物《てんさんぶつ》でありますが、宗《しゅう》教《きょう》が人生《じんせい》にとって必需的《ひつじゅてき》、日用的《にちようてき》のものである関係上《かんけいじょう》、少《すく》なくも左《さ》の三つの事実《じじつ》を知《し》って置《お》くことは、宗教家《しゅうきょうか》は勿論何人《もちろんなんぴと》にも必要《ひつよう》です。

一、各種《かくしゅ》の宗教《しゅうきょう》は人種《じんしゅ》、民族《みんぞく》、国土《こくど》、歴史《れきし》、時代《じだい》、文化等《ぶんかとう》に応《おう》じて与《あた》えられた霊《れい》の糧《かて》であり、また霊《れい》の薬《くすり》であるから、適不適《てきふてき》があって人類共通《じんるいきょうつう》のものとはいい得《え》られないこと。

一、有機生活体《ゆうきせいかつたい》たる国家社会《こっかしゃかい》の発育《はついく》や変遷《へんせん》に対《たい》し、宗教《しゅうきょう》の活用《かつよう》が次第《しだい》に不完全《ふかんぜん》となり、遂《つい》に今日《こんにち》の如《ごと》く宗教改造論《しゅうきょうかいぞうろん》、無用論《むようろん》、反宗教運動《はんしゅうきょううんどう》(『躍動の更生時代』142頁参照）を見《み》るに到《いた》ったこと。

一、日本《にほん》には世界各種《せかいかくしゅ》の宗教《しゅうきょう》が行《おこな》われているばかりでなく、宗教的生命《しゅうきょうてきせいめい》は日本《にほん》に於《おい》てのみ保留《ほりゅう》されているという状態《じょうたい》であるが、これは二千年前《ねんまえ》、崇神天皇《すじんてんのう》（第10代・在位前97～前30）が和光同塵《わこうどうじん》の御政策即《ごせいさくすなわ》ち受動的政策《じゅどうてきせいさく》により世界《せかい》の宗教《しゅうきょう》、政治《せいじ》、文物等《ぶんぶつとう》を吸収消化《きゅうしゅうしょうか》して世界経綸《せかいけいりん》の準備《じゅんび》を始《はじ》め給《たま》いしためであって、その結果《けっか》、明治《めいじ》を画期時代《かっきじだい》として日本《にほん》が俄然能動的《がぜんのうどうてき》、世界的《せかいてき》に活躍《かつやく》するようになったのは当然《とうぜん》の道程《どうてい》であること。そして宗教《しゅうきょう》が日本《にほん》に於《おい》て生命《せいめい》を保護《ほご》しているのは、「皇道《こうどう》」の感化《かんか》を受《う》けるためであること。

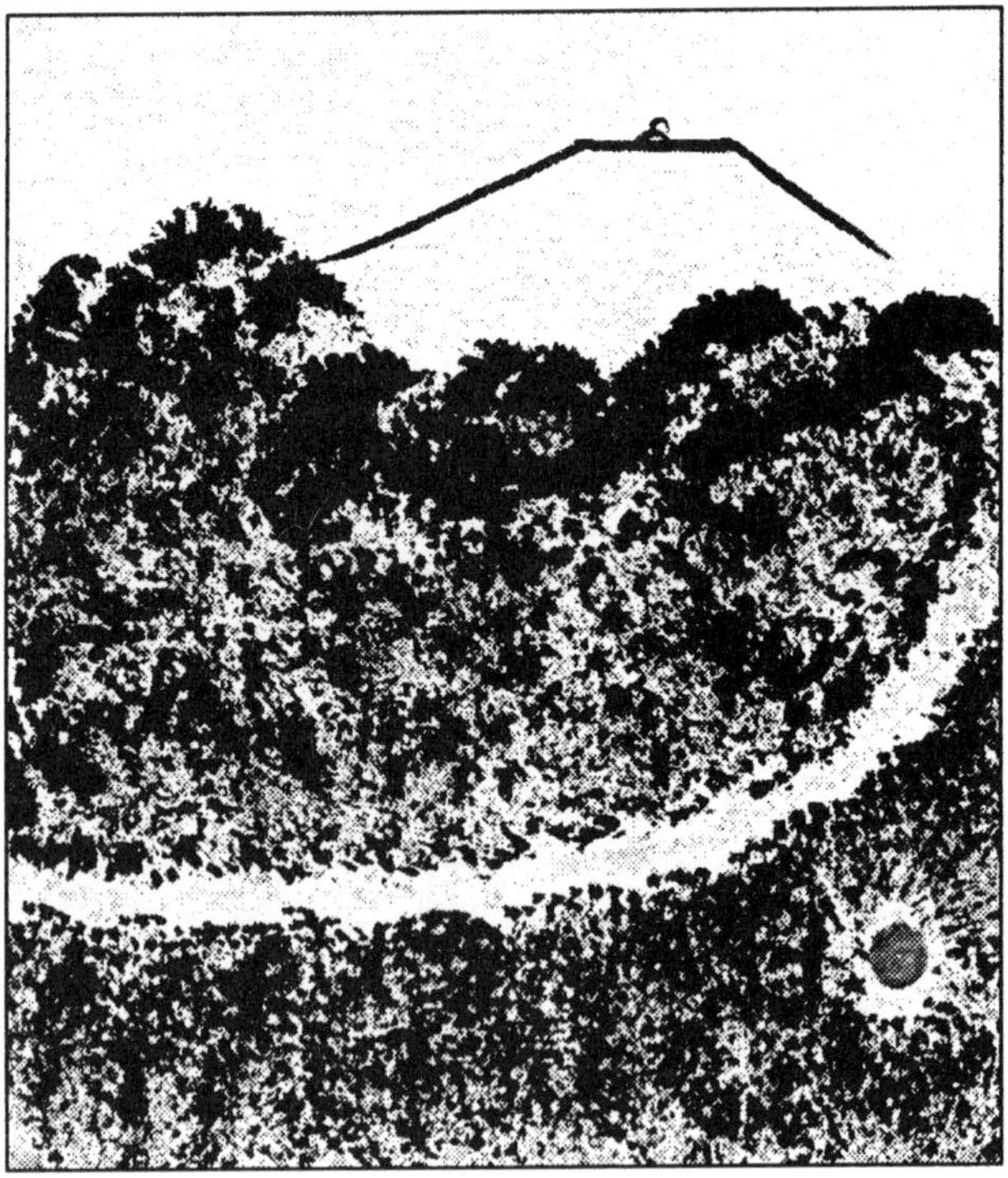

「月山不二」出口王仁三郎染筆

第三編　皇道と実際

歴代天皇《れきだいてんのう》は常《つね》に「皇道《こうどう》」をもって君臨《くんりん》遊《あそ》ばされたのであります。建国《けんこく》の精神《せいしん》と、国是《こくぜ》は、世界《せかい》の頭脳《ずのう》として「皇道《こうどう》」を活用《かつよう》するにあることは言《い》うまでもありません。

天武天皇《てんむてんのう》（第40代・在位673～686）は「皇道《こうどう》」の主眼《しゅがん》を記録《きろく》した『古事記《こじき》』をもって「邦家《ほうか》（＝我国）の経緯《けいい》（＝事情、いきさつ）、王化《おうか》（＝天皇家の徳により民を感化する）の鴻基《こうき》」と詔《みことの》らせ給《たま》い、明治天皇《めいじてんのう》は大教宣布《たいきょうせんぷ》の詔《みことのり》、教育勅語等《きょういくちょくごとう》によって「これを古今《ここん》に通《つう》じて誤《あやま》らず、これを中外《ちゅうがい》（＝国内国外）に施《ほどこ》して悖《もと》らず（＝道理に背かない）」と「皇道《こうどう》」の常道《じょうどう》たるべきことを訓誨《くんかい》し給《たま》うたのです。

地上《ちじょう》に天国《てんごく》を樹立《じゅりつ》するということは、神仏《しんぶつ》の大本願《だいほんがん》であり、全人類《ぜんじんるい》の最高理想《さいこうりそう》でありますが、それはたゞ「皇道《こうどう》」の活動《かつどう》によってのみ、成《な》し得《え》らるゝのです。

しかし、「皇道《こうどう》」は人生《じんせい》に即《そく》した常道《じょうどう》であるとはいえ、天地《てんち》に遍満流通《へんまんりゅうつう》せる大精神《だいせいしん》であるから、これを国家社会《こっかしゃかい》に、これを一身《しん》一家《か》に実行《じっこう》する上《うえ》において、最《もっと》も必要《ひつよう》なことは、正《ただ》しき方針《ほうしん》と依《よ》るべき経緯《けいい》を明《あき》らかにすることです。

皇道大本《こうどうおおもと》に、「教旨《きょうし》」と「綱領《こうりょう》」と「主義《しゅぎ》」とが神示《しんじ》されているのはこのためです。そして、思索考慮《しさくこうりょ》の基調《きちょう》として「三大学則《だいがくそく》」が設《もう》けてあり、これによって、客観的《きゃっかんてき》に正《ただ》しく感情《かんじょう》に照《て》らし合《あ》わせ、かくして「神《かみ》」及《およ》び「皇道《こうどう》」を悟《さと》ることに努《つと》めつゝあるのです。

左《さ》にこれ等《ら》について大要《たいよう》を述《の》べることゝいたします。

一、大本三大学則

（一）天地《てんち》の真象《しんしょう》を観察《かんさつ》して真神《しんしん》の体《たい》を思考《しこう》すべし。
（二）万有《ばんゆう》の運化《うんか》の毫差《ごうさ》なきを観《み》て真神《しんしん》の力《ちから》を思考《しこう》すべし。
（三）活物《かつぶつ》の心性《しんせい》を覚悟《かくご》して真神《しんしん》の霊魂《れいこん》を思考《しこう》すべし。

この学則《がくそく》は、宇宙万有結成《うちゅうばんゆうけっせい》の原基《げんき》たる「霊《れい》・力《りょく》・体《たい》」を悟《さと》る心得《こころえ》であり、神《かみ》に近《ちか》づき道《みち》を悟《さと》る基調《きちょう》です。神徳《しんとく》の広大無辺《こうだいむへん》なることは人間小智《にんげんしょうち》の容易《ようい》に窺《うかが》い知《し》るべきところではないが、右《みぎ》の三つの黙示《もくじ》によって、神《かみ》が厳《げん》として照臨《しょうりん》し給《たま》うこと、また宇宙《うちゅう》に遍満《へんまん》しているその「霊《れい》・力《りょく》・体《たい》」の運用妙機《うんようみょうき》を覚《さと》ることが出来《でき》るのです。かく達観《たっかん》すれば、森羅万象《しんらばんしょう》悉《ことごと》く神《かみ》の黙示《もくじ》であり、天啓《てんけい》であって、この黙示天啓《もくじてんけい》を知《し》ることが真《しん》の学問《がくもん》です。

二、大本教旨

「神《かみ》は万物普遍《ばんぶつふへん》の霊《れい》にして
　人《ひと》は天地経綸《てんちけいりん》の司宰者也《しさいしゃなり》
　　神人合一《しんじんごういつ》して茲《ここ》に無限《むげん》の権力《けんりょく》を発揮《はっき》す」

「大本教旨《おおもときょうし》」は右《みぎ》の如《ごと》く極《きわ》めて簡単《かんたん》であって、一見明瞭《けんめいりょう》な要領《ようりょう》よき文句《もんく》ですが、内容《ないよう》は非常《ひじょう》に重要深遠《じゅうようしんえん》な意義《いぎ》を含《ふく》んでいますから、これを詳解《しょうかい》することは容易《ようい》なことではありません。

それで大本教旨《おおもときょうし》は、（一）神《かみ》に関《かん》する説明《せつめい》、（二）人《ひと》に於《お》ける一切《さい》の解説《かいせつ》、（三）神《かみ》と人《ひと》との関係《かんけい》を神示《しんじ》されたもので、「惟神《かむながら》の大道《だいどう》」（皇道《こうどう》）の真髄《しんずい》というべきもので、以下《いか》概要《がいよう》を述《の》べることゝ致《いた》します。

(一) 神は万物普遍の霊

これは神《かみ》に対《たい》する確固《かっこ》たる定義《ていぎ》を与《あた》えたもので、これによって左《さ》の要項《ようこう》が分明《ぶんめい》するのです。

一、神《かみ》は万物《ばんぶつ》に普《あまね》く遍在《へんざい》し給《たま》うこと。

二、神《かみ》は霊《れい》にましますから肉眼《にくがん》では視《み》えないこと。

三、神《かみ》は本来《ほんらい》一神《しん》なれども、顕現《けんげん》の順序《じゅんじょ》（縦《たて》）と分掌的活動《ぶんしょうてきかつどう》（横《よこ》）によって八《や》百万《およろず》の多神《たしん》となること。

四、神《かみ》には超人格的《ちょうじんかくてき》の神《かみ》と、人格《じんかく》の神《かみ》との区別《くべつ》あること。

小天地《しょうてんち》たる人間《にんげん》の精神肉体両方面《せいしんにくたいりょうほうめん》の力《ちから》、即《すなわ》ち人格的活力《じんかくてきかつりょく》が、人身構成《じんしんこうせい》の単位《たんい》たる細胞《さいぼう》一つ〱に偏在《へんざい》していると同様《どうよう》、神格《しんかく》は万物《ばんぶつ》に至《いた》らぬことなく普及《ふきゅう》して、万物《ばんぶつ》の生成化育営為《せいせいかいくえいい》し給《たま》うのであります。それで万物《ばんぶつ》を結成《けっせい》している「霊《れい》・力《りょく》・体《たい》」は、即《すなわ》ち「神《かみ》の分霊《ぶんれい》、分力《ぶんりょく》、分体《ぶんたい》」であるから、大本《おおもと》では「宇宙《うちゅう》の本源《ほんげん》は活動力《かつどうりょく》にして即《すなわ》ち神也《かみなり》、万物《ばんぶつ》は活動力《かつどうりょく》の発現《はつげん》にして神《かみ》の断片《だんぺん》なり」と示《しめ》してあるのです。

この大活動力《だいかつどうりょく》が宇宙《うちゅう》の独《どく》一真神《しんしん》即《すなわ》ち大元霊《だいげんれい》でありまして、我国《わがくに》では天之御中主大《あめのみなかぬしのおお》神《かみ》と称《とな》え、総《すべ》ての宗教《しゅうきょう》も真神《しんしん》を認《みと》めることは同《おな》じですが、御名《みな》については造物主《ぞうぶつしゅ》、太極《たいきょく》、真如《しんにょ》、天帝《てんてい》、ゴッド、または単《たん》に神《かみ》、或《あるい》は天《てん》などと称《とな》えているのです。

神《かみ》の大原動《だいげんどう》は、一霊《れい》（直霊《なおひのみたま》）四魂《こん》（荒魂《あらみたま》、和魂《にぎみたま》、奇魂《くしみたま》、幸魂《さちみたま》）、八力《りき》（動《どう》、静《せい》、解《かい》、凝《ぎょ》、引《いん》、弛《ち》、合《ごう》、分《ぶん》）、三元《げん》（剛体《ごうたい》、柔体《じゅうたい》、流体《りゅうたい》）として発揮《はっき》されているので、

『神典《しんてん》』には一々《いちいち》これに神名《しんめい》が付《ふ》してありますが、何《いず》れも神《かみ》の顕現《けんげん》の第《だい》一段《だん》（幽《ゆう》の幽《ゆう》神《しん》）に属《ぞく》するものであって、聖眼《せいがん》これを視《み》るを得《え》ず、賢口《けんこう》これを語《かた》るを得《え》ず、という超人格的《ちょうじんかくてき》の神《かみ》でありますから、たゞ大自然力《だいしぜんりょく》と宇宙美観《うちゅうびかん》より思考《しこう》してその力徳《りきとく》の一端《たん》を窺知《きち》し得《え》るに過《す》ぎないのです。

（注）八力　動（大戸地《おおとのじ》）＝静（大戸辺《おおとのべ》）、解（宇比地根《うひじね》）＝疑（須比地根《すひじね》）、引（生《いく》枠《ぐい》）＝弛（角枠《つぬぐひ》）、合（面足《おもたる》）＝分（惶根《かしこね》）。

（注）三元　剛・柔・流。剛体素＝鉱物・金・銀・銅・鉄・燐・石・砂（国常立命・玉《たま》留魂《つめむすび》）、植物＝柔体素（豊雲野尊・足魂《たるむすび》）、動物＝水の流体（葦芽彦遅尊・生魂《いくむすび》）。

（『霊界物語』第六巻「宇宙大元」参照。）

神《かみ》の第《だい》一段《だん》のご活動《かつどう》により、ここに天地剖判《てんちぼうはん》して日月地霊《にちげつちれい》の出現《しゅつげん》となり、神《かみ》の統制《とうせい》は基礎的《きそてき》（霊的《れいてき》）には一通《とお》り成立《せいりつ》します。これが神《かみ》の第《だい》二段《だん》（幽《ゆう》の顕神《けんしん》）の顕現《けんげん》であって、ここに偉大《いだい》なる霊身《れいしん》を持《も》った類人格的《るいじんかくてき》の神々《かみがみ》を地上《ちじょう》に見《み》ること〻なったのです。
神《かみ》の第《だい》二段《だん》の成立《せいりつ》に次《つ》いで海陸《かいりく》の完成《かんせい》、動植物《どうしょくぶつ》の発生《はっせい》となり、ここに第《だい》三段《だん》、顕《けん》の顕神《けんしん》、即《すなわ》ち人《ひと》の顕現《けんげん》となったのです。それで人《ひと》は肉体《にくたい》をもった神《かみ》として、神《かみ》の働《はたら》きを分掌実行《ぶんしょうじっこう》すべきが本来《ほんらい》です。本分使命《ほんぶんしめい》を果《はた》した人《ひと》の死後《しご》は、第《だい》四段《だん》（顕《けん》の幽神《ゆうしん》）の神《かみ》、即《すなわ》ち天使天人《てんしてんにん》として霊的活動《れいてきかつどう》を続《つづ》けること〻なるのです。

以上《いじょう》、神《かみ》の四階段《かいだん》の顕現並《けんげんなら》びに分掌的活動《ぶんしょうてきかつどう》は、顕幽本末互《けんゆうほんまつたがい》に連絡《れんらく》して永久《えいきゅう》に活動《かつどう》を休止《きゅうし》しないのです。それで、神《かみ》は、巻《ま》けば大元霊《だいげんれい》たる一神《しん》に帰《き》し、開《ひら》けば八百万《やおよろず》の神々《かみがみ》となるのであるから、「一神論《しんろん》」を強調《きょうちょう》するものも、「多神論《たしんろん》」を強調《きょうちょう》するのも、何《いず》れも当《とう》を得《え》たものではないので「一神《しん》にして多神《たしん》、多神《たしん》にして一神《しん》なり」ということが、正《ただ》しき神成観《しんせいかん》です。「一神《しん》なるが故《ゆえ》に道《みち》、即《すなわ》ち真理《しんり》は単《たん》一無雑《むざつ》であり、多神《たしん》なるが故《ゆえ》に森羅万象《しんらばんしょう》の実在《じつざい》となる」のです。

「皇道大本《こうどうおおもと》」では「今迄《いままで》は神《かみ》が蔭《かげ》から守護《しゅご》された時代《じだい》であったが、世《よ》が転《かわ》って今《いま》は神《かみ》が表面活動《ひょうめんかつどう》を開始《かいし》されたのであるから、より以上神《いじょうかみ》を信《しん》じ、神《かみ》を敬《うやま》い、そして神《かみ》に親《した》しまねば、何事《なにごと》も成就《じょうじゅ》しない」と力説《りきせつ》するのです。読者《どくしゃ》は本章《ほんしょう》によって神《かみ》の概念《がいねん》を得《え》らるゝことゝ思《おも》います。

（注）一霊四魂について詳しくは、『霊界物語』第十巻・第二編「禊身の段」、みいづ舎発行『古事記・言霊解』「禊身の段」「言霊解　三」86頁を参照。）

（注）神の顕れ方については、『神示の宇宙』第一編「大本略義」等を参照。）

（二）人は天地経綸の司宰者

昔《むかし》から人《ひと》は小宇宙《しょううちゅう》、天地《てんち》の縮図等《しゅくずなど》といわれますが、人《ひと》という文字《もじ》を象形《しょうけい》の上《うえ》から見《み》ても、天《てん》と地《ち》、陽《よう》と陰《いん》、自分《じぶん》と他人《たにん》などの相対《そうたい》の結成《けっせい》を示《しめ》しております。これを言霊《ことたま》の上《うえ》からいえば、ヒトは霊止《ヒト》であって、神霊《しんれい》の止《とど》まり給《たま》う究極点《きゅうきょくてん》ということになります。

「皇道大本《こうどうおおもと》」で「人《ひと》は神《かみ》の子、神《かみ》の宮《みや》」といってあるのも、このためであって、人《ひと》を結成《けっせい》している霊《れい》・力《りょく》・体《たい》を見《み》ますと、真《しん》に万物《ばんぶつ》の霊長《れいちょう》として神《かみ》と性情《せいじょう》を同《おな》じくする霊魂《れいこん》を享受《きょうじゅ》しているから、当然神《とうぜんかみ》の代行者《だいこうしゃ》として活動《かつどう》し得《う》る能力《のうりょく》を蔵《ぞう》しており、また肉体《にくたい》は何物《なにもの》にも勝《まさ》った霊妙巧緻麗美《れいみょうこうちれいび》の構造《こうぞう》であって、神《かみ》の道具《どうぐ》たる資格《しかく》を完備《かんび》しているのです。

「人《ひと》の姿《すがた》は神《かみ》の理想《りそう》の結晶《けっしょう》」であるから、取《と》りもなおさず人《ひと》の姿《すがた》は神《かみ》の姿《すがた》であります。

「人は天地経綸《てんちけいりん》の司宰者也《しさいしゃなり》」と定義《ていぎ》してあるのは、元来人《がんらいひと》の生《う》まれて来《く》るということは、現界《げんかい》の基礎《きそ》をなしている世界的《せかいてき》、即《すなわ》ち霊界《れいかい》に於《お》いて活動《かつどう》すべき天使天人《てんしてんにん》を養成《ようせい》するためで、肉体《にくたい》は天使天人《てんしてんにん》の鋳型《ちゅうけい》であり、現界《げんかい》は苗代《なわしろ》というべきです。

先《ま》ず霊子《れいし》というものが人《ひと》の胎内《たいない》に宿り、胎児《たいじ》より生後《せいご》へと発育《はついく》を続《つづ》けて神《かみ》の姿《すがた》を完《かん》成《せい》し、霊魂《れいこん》もまたこれに伴《ともな》って発育《はついく》を遂《と》げ神《かみ》に代《か》わる力徳《りきとく》を得《え》て、ここに天使天人《てんしてんにん》の相応者《そうおうしゃ》となるのです。これが人生本来《じんせいほんらい》の道程《どうてい》であり、目的《もくてき》ですが、これについての必要条件《ひつようじょうけん》は、神《かみ》に帰依《きえ》して心《こころ》の修養《しゅうよう》、即《すなわ》ち霊的生涯《れいてきしょうがい》を完《まっと》うすると同時《どうじ》に、世間的《せけんてき》生涯《しょうがい》を完《まっと》うすることです。

世間的生涯《せけんてきしょうがい》を完《まっと》うするということは、国家社会《こっかしゃかい》の一員《いん》として各々《おのおの》の職業《しょくぎょう》を正《ただ》しく勤《つと》めることであって、これを外《ほか》にしては決《けっ》して天使天人《てんしてんにん》の資格《しかく》を得《う》ることは出来《でき》ないのです。

職業《しょくぎょう》を正《ただ》しく勤《つと》めるには霊魂《れいこん》の正《ただ》しき発育《はついく》が原動力《げんどうりょく》となるのであるから、修養《しゅうよう》と実行《じっこう》が両々《りょうりょう》相《あい》まって初《はじ》めて「人生《じんせい》の本分《ほんぶん》」を完《まっと》うすることが出来《でき》るのです。こうした場合《ばあい》が、現界即《げんかいすなわ》ち「地上《ちじょう》における経綸《けいりん》の奉仕《ほうし》」であります。

地上《ちじょう》の経綸《けいりん》に奉仕《ほうし》した人《ひと》は、死後直《しごただ》ちに天界《てんかい》に復活《ふっかつ》した天使天人《てんしてんにん》として霊的《れいてき》（基礎《きそ》的《てき》）経綸《けいりん》に奉仕《ほうし》し、ここに「不老不死《ふろうふし》の生涯《しょうがい》に入《はい》る」のです。

霊界《れいかい》と現界《げんかい》とは、物質《ぶっしつ》の立場《たちば》から見《み》ると全《まった》く別《べつ》な世界《せかい》ですが、霊的見地《れいてきけんち》からいえば交通自在《こうつうじざい》というよりも、むしろ不可分《ふかぶん》の関係《かんけい》にあるから、達観《たっかん》すれば「霊界《れいかい》も現界《げんかい》も同《おな》じ世界《せかい》である」といって差支《さしつか》えないのです。

それで肉体《にくたい》では現界《げんかい》の事《こと》しか判《わか》らないが、霊魂《れいこん》は両界《りょうかい》を通《つう》じてはたらくのであるから、人《ひと》の使命《しめい》はこの世《よ》の生活《せいかつ》ばかりでなく、死後《しご》まで永遠無窮《えいえんむきゅう》に一貫《かん》している。人《ひと》は天地経綸《てんちけいりん》の司宰者《しさいしゃ》であるということが、これで一通《とお》り明《あき》らかになった訳《わけ》です。これについて左《さ》の事《こと》を知《し》っておく必要《ひつよう》があります。

現界《げんかい》において霊魂《れいこん》が完全《かんぜん》なる発育《はついく》を遂《と》げなかった場合《ばあい》には、神《かみ》の代行者《だいこうしゃ》としての活《かっ》動《どう》が出来《でき》ないばかりか、未完成《みかんせい》ないし邪悪《じゃあく》な霊魂《れいこん》として死後《しご》もその行動《こうどう》を続《つづ》けるのであるから、天界《てんかい》へ復活《ふっかつ》することは容易《ようい》のことではないのです。それで人間《にんげん》はどうしても、天人《てんにん》の苗《なえ》たる現界《げんかい》にいる間《あいだ》に、常《つね》に神《かみ》に向《むか》い道《みち》に住《じゅう》し、現界経綸奉仕《げんかいけいりんほうし》の実《じつ》を挙《あ》げねばならない。人間《にんげん》の幸不幸等《こうふこうとう》一切《さい》の解決点《かいけってん》はたゞこの一事《じ》に係《かか》っています。

（三）神人合一

人《ひと》は神《かみ》の子《こ》、神《かみ》の生宮《いきみや》であるから、「神人合一《しんじんごういつ》」するのがむしろ当然《とうぜん》であり、また「神人合一《しんじんごういつ》」の境地《きょうち》にならねばならい約束《やくそく》の下《もと》に生《うま》れて来《き》ているのです。

「神人合一《しんじんごういつ》」というのは、世間《せけん》で普通《ふつう》いうところの無念無想《むねんむそう》の境《きょう》とか、あるいは無我《むが》の境《きょう》とかいうのではないのです。「神《かみ》と人《ひと》と和合《わごう》し合体《がったい》すること」であって、完全《かんぜん》に人《ひと》が神《かみ》の子として神《かみ》の生宮《いきみや》として不離《ふり》の境《きょう》に到《いた》ることであります。

「神人合一《しんじんごういつ》」の境《きょう》に到《いた》るのには、常《つね》に神格《しんかく》を享受《きょうじゅ》して霊魂《れいこん》の向上発達《こうじょうはったつ》を努《つと》めるにあります。神格《しんかく》を享受《きょうじゅ》するには神《かみ》への絶対信仰《ぜったいしんこう》が最《もっと》も必要《ひつよう》であることは無論《むろん》であり、その享受《きょうじゅ》の様式《ようしき》を内流《ないりゅう》というのです。

内流《ないりゅう》とは、その人《ひと》の霊魂《れいこん》が神《かみ》の霊性《れいせい》と一致《ち》または相似《そうじ》の状態《じょうたい》となった場合《ばあい》、神格《しんかく》が恰《あたか》も水《みず》の低《ひく》きに流《なが》れる如《ごと》く流入《りゅうにゅう》して来《く》るのをいうのであって、電波《でんぱ》の波長《はちょう》が一致《ち》した場合《ばあい》に時空《じくう》を超越《ちょうえつ》して通《つう》じ合《あ》うのと同様《どうよう》です。

内流《ないりゅう》には、直《ただ》ちに真神《しんしん》より来《きた》る場合《ばあい》（直接内流《ちょくせつないりゅう》）と、天使天人《てんしてんにん》や真人《しんじん》または神書《しんしょ》等《とう》を介《かい》して来《く》る場合《ばあい》（間接内流《かんせつないりゅう》）とがあるが、間接内流《かんせつないりゅう》が普通《ふつう》です。何《いず》れにせよ、神格《しんかく》がその人《ひと》の霊魂《れいこん》に充《み》たされると「神人合一《しんじんごういつ》」の境地《きょうち》となるのです。

「神人合一《しんじんごういつ》」の境地《きょうち》には、神《かみ》がかりといって、「帰神《きしん》」と「神懸《かむがかり》」の二様式《ようしき》があります。

「帰神《きしん》」は神《かみ》がかりと訓《くん》じますが、不断《ふだん》の内流《ないりゅう》を受《う》けて神《かみ》の霊性《れいせい》と同《どう》一状態《じょうたい》に向上《こうじょう》した場合《ばあい》をいうのでありますから、完全《かんぜん》なる「神人合一《しんじんごういつ》」の境地《きょうち》であって、見《み》たところ常人《じょうにん》と何等《なんら》異《こと》なることなき状態《じょうたい》でありながら、思《おも》うことも言《い》うことも行《おこな》うことも総《すべ》て神《かみ》のご意志《いし》に合致《がっち》するのです。

「神懸《かむがかり》」とは天使天人《かみがみ》によって一時肉体《じにくたい》を使役《しえき》される場合《ばあい》をいうのであって、この場合第一人格《ばあいだいいちじんかく》、即《すなわ》ち本人《ほんにん》は傍観《ぼうかん》の状態《じょうたい》にあるのが「帰神《きしん》」との相違点《そういてん》であります。

「帰神《きしん》」も「神懸《かむがかり》」も最《もっと》も尊重《そんちょう》すべき神的現象《しんてきげんしょう》であり、そこに初《はじ》めて本来《ほんらい》の「神《かみ》の目的《もくてき》」と「人《ひと》の目的《もくてき》」とが相《あい》一致《ち》するのであるから、ここに霊界現界《れいかいげんかい》を通《つう》じて無限《むげん》の権力《けんりょく》を発揮《はっき》することゝなるのです。霊魂《れいこん》が時間空間《じかんくうかん》を超越《ちょうえつ》して神《かみ》のご意志《いし》を活現《かつげん》することは、即《すなわ》ち無限《むげん》の権力《けんりょく》を発揮《はっき》する所以《ゆえん》であって、肉体《にくたい》に宿《やど》っている場合《ばあい》、即《すなわ》ち現《げん》界《かい》においても神《かみ》に代《か》わって超人間的《ちょうにんげんてき》の力徳《りきとく》を発揮《はっき》し得《え》るのです。

これに関《かん》して左《さ》の事実《じじつ》に注意《ちゅうい》すべきです。

肉体《にくたい》は一人前《まえ》であっても霊魂《れいこん》が未完成《みかんせい》ないし邪悪《じゃあく》であったならば、同程度《どうていど》の霊界《れいかい》、即《すなわ》ち「中有界《ちゅううかい》」ないし「幽界《ゆうかい》」（地獄《じごく》）と感合《かんごう》して、迷《まよ》いと不安《ふあん》の境涯《きょうがい》ないし虚偽罪《きょぎざい》悪《あく》を行《おこな》う人間《にんげん》となるのです。かゝる場合《ばあい》には、低級霊《ていきゅうれい》または悪霊《あくれい》に憑依《ひょうい》されて肉体《にくたい》を使役《しえき》され易《やす》いものです。

やはりこれを「神《かみ》がかり」といって、大本《おおもと》では「神憑《しんぴょう》」の文字《もじ》をもって正《ただ》しき神《かみ》がかりと区別《くべつ》しているのです。目下《もっか》の憂《うれ》うべき社会相《しゃかいそう》は、この種《しゅ》の霊的《れいてき》または憑霊現《ひょうれいげん》象《しょう》に外《ほか》ならざることを深《ふか》く反省《はんせい》すべきです。

（四）霊魂の神格観

霊魂《れいこん》（一名《またのな》精霊《せいれい》）は発育《はついく》の道程《どうてい》ないし状態《じょうたい》より見《み》て、左《さ》の三様《よう》の神格名《しんかくめい》が付《つ》けられてあります。

①本守護神

霊魂《れいこん》が完全《かんぜん》の発育《はついく》を遂《と》げた場合《ばあい》を真霊《しんれい》、本霊《ほんれい》または天的精霊《てんてきせいれい》といい、神格的《しんかくてき》にこれを「本守護神《ほんしゅごじん》」と称《しょう》するのです。善《ぜん》の為《ため》に善《ぜん》を行《おこな》い真《しん》の為《ため》に真《しん》を行《おこな》うところの極善《ごくぜん》の人《ひと》として、地上天人《ちじょうてんにん》の生活《せいかつ》をなすのです。

②正守護神

「本守護神《ほんしゅごじん》」に次《つ》ぐ善霊魂《ぜんれいこん》であります。霊魂《れいこん》がまだ「本守護神《ほんしゅごじん》」の状態《じょうたい》に完成《かんせい》されなくても、天界《てんかい》と現界《げんかい》の調和《ちょうわ》を計《はか》り、肉体欲《にくたいよく》即《すなわ》ち「副守護神《ふくしゅごじん》」に対《たい》して監督指導《かんとくしどう》をなし得《う》る状態《じょうたい》に在《あ》る場合《ばあい》を「正守護神《せいしゅごじん》」というのであって、良心《りょうしん》の囁《ささや》き、克己心《こっきしん》（＝自分の欲望や邪念に打勝つ心。）、反省等《はんせいとう》は「正守護神《せいしゅごじん》」です。

③副守護神

霊魂《れいこん》にはまた専《もっぱ》ら肉体《にくたい》を守護愛撫《しゅごあいぶ》するはたらき、所謂肉体欲《いわゆるにくたいよく》があって、肉体《にくたい》はこれによって維持《いじ》されているのです。これを「副守護神《ふくしゅごじん》」または「地的精霊《ちてきせいれい》」というのです。

霊魂《れいこん》が「本守護神《ほんしゅごじん》」または「正守護神《せいしゅごじん》」の状態《じょうたい》にある場合《ばあい》には、「副守護神《ふくしゅごじん》」は必《かなら》ずこれに隷属《れいぞく》して正欲《せいよく》に止《とど》まるのですが、「副守護神《ふくしゅごじん》」の発育《はついく》が強盛《きょうせい》であって欲望《よくぼう》を貪《むさぼ》るようになれば、全霊魂《ぜんれいこん》もまた次第《しだい》に自己愛《じこあい》、個人主義《こじんしゅぎ》に傾《かたむ》き、遂《つい》には所謂良心《いわゆるりょうしん》の麻痺《まひ》となって、折角《せっかく》「本守護神《ほんしゅごじん》」まで向上《こうじょう》すべき神性《しんせい》を有《ゆう》しながら、全霊魂《ぜんれいこん》は反対《はんたい》に悪霊《あくれい》に堕落《だらく》するのであります。

三、大本四大綱領

皇道大本教旨《こうどうおおもときょうし》によって、皇道《こうどう》の真髄《しんずい》とも称《しょう》すべき神《かみ》と人《ひと》との関係《かんけい》が一通《とお》り明瞭《めいりょう》となった訳《わけ》ですが、更《さら》に人生行路《じんせいこうろ》即《すなわ》ち処世《しょせい》の指針《ししん》が左《さ》の如《ごと》く「四大綱領《だいこうりょう》」として神示《しんじ》されております。

(一) 祭《さい》……惟神《かむながら》の大道《だいどう》
(二) 教《きょう》……天授《てんじゅ》の真理《しんり》
(三) 慣《かん》……天人道《てんじんどう》の常《つね》
(四) 造《ぞう》……適宜《てきぎ》の事務《じむ》

この「綱領《こうりょう》」は天界《てんかい》における神々《かみがみ》の処世法《しょせいほう》の伝達《でんたつ》であって、治国安民斉家《ちこくあんみんさいか》の神則《しんそく》ですから、一日《にち》も早《はや》く現社会《げんしゃかい》への実現《じつげん》に努力《どりょく》すべきものです。

（一）祭……惟神の大道

祭《さい》は天上《てんじょう》（天界《てんかい》）の儀《ぎ》と地上《ちじょう》（現界《げんかい》）の儀《ぎ》とを一致《ち》させる方法《ほうほう》です。所謂天《いわゆるてん》になる如《ごと》く地《ち》にもならしめよというように、天国《てんごく》の姿《すがた》を地《ち》に移写《いしゃ》する方法《ほうほう》です。

元来《がんらい》「まつり」という意義《いぎ》は、真釣《まつ》り合《あわ》せる、調和《ちょうわ》させる、合一《ごういつ》するということであって、一切《さい》の相対《そうたい》に対《たい》して行《おこな》われるべきものです。中《なか》にも神《かみ》と人《ひと》、天界《てんかい》と現界《げんかい》との相対《そうたい》の真釣《まつ》り合《あわ》せが一切《さい》の祭《まつり》の根本《こんぽん》となるのです。

神《かみ》と祭《まつ》り合《あわ》せをする、天界《てんかい》と祭《まつ》り合《あわ》せをするということは、神《かみ》の御心《みこころ》を拝察《はいさつ》し、天《てん》界《かい》の真相《しんそう》を悟了《ごりょう》することであって、そしてこれを自己《じこ》に人《ひと》に社会《しゃかい》に移写実現《いしゃじつげん》することが政《せい》（まつりごと）であるから、祭《まつり》と政《まつりごと》は引《ひ》き離《はな》すことも出来《でき》ず、また矛盾《むじゅん》があってもならないのです。

これが「祭政一致《さいせいいっち》」であって、我日本《わがにほん》は神代《かみよ》の昔《むかし》より最大最貴《さいだいさいき》の行事《ぎょうじ》として敬神崇祖《けいしんすうそ》の国風《こくふう》を成就《じょうじゅ》し、歴代天皇常《れきだいてんのうつね》に聖慮《せいりょ》をこゝに注《そそ》がせ給《たま》うことは周知《しゅうち》のところです。我国神社《わがくにじんじゃ》の数《すう》は十一万余《まんよ》、また四方拝《ほうはい》、元始祭《げんしさい》を初《はじ》め一年間祭日《ねんかんさいじつ》の多《おお》いのを見《み》ても、神国《しんこく》のありがたさに気《き》づくのです。

祭祀《さいし》は「感謝《かんしゃ》と祈願《きがん》」の精神《せいしん》と、「幽斎《ゆうさい》」と「顕斎《けんさい》」の方法《ほうほう》によって完《まっと》うされるのです。「幽斎《ゆうさい》」というのは心《こころ》を以《もっ》て神《かみ》を念《ねん》じる……霊《れい》を以《もっ》て霊《れい》に対《たい》することであり、「顕《けん》斎《さい》」というのは宮殿《きゅうでん》があり御神体《ごしんたい》があって供物《くもつ》を献《ささ》げて神《かみ》を斎《いつ》くことですが、「感謝《かんしゃ》と祈願《きがん》」の精神《せいしん》が不可分《ふかぶん》の発露《はつろ》であると同様《どうよう》、「幽斎《ゆうさい》」も「顕斎《けんさい》」もまた一方《ぽう》に偏《へん》してはならないのす。

宗教《しゅうきょう》によっては「幽斎《ゆうさい》」にのみ偏《へん》して、「顕斎《けんさい》」を迷信視《めいしんし》するものがありますが、大《だい》なる誤《あやま》りです。

神《かみ》の祭祀《さいし》と共《とも》に先祖《せんぞ》を祭《まつ》ることは当然《とうぜん》であることは申《もう》すまでもありませぬ。大本《おおもと》ではまた守護神《しゅごじん》を祭《まつ》ることになっています。

(二) 教……天授の真理

処世上《しょせいじょう》の便宜《べんぎ》のため永《なが》い間《あいだ》の経験《けいけん》によって立《た》てられた教《おしえ》であって、一見《けん》どんなに立《りっ》派《ぱ》に見《み》えても、それが人間頭脳《にんげんずのう》の産物《さんぶつ》である以上《いじょう》は決《けっ》して真《しん》の教《おしえ》ということは出来《でき》ないのです。どうしても真神《しんしん》の御神格《ごしんかく》を直接《ちょくせつ》または間接《かんせつ》に享受《きょうじゅ》して、これを伝達《でんたつ》したものでなくてはならないのです。各宗《かくしゅう》の宗祖達《しゅうそたち》はこうした関係《かんけい》の下《もと》に教《おしえ》を説《と》かれたのであろうが、その教典《きょうてん》なるものは大抵《たいてい》弟子達《でしたち》が「如是我聞《にょぜがもん》」の下《もと》に綴《つづ》ったもので、神《かみ》の伝達者《でんたつしゃ》たる宗祖《しゅうそ》の真意《しんい》を誤《あやま》り伝《つた》えた場合《ばあい》が少《すく》なくないのです。

真《しん》の教《おしえ》というものは古今《ここん》に通《つう》じて謬《あやま》らず中外《ちゅうがい》に施《ほどこ》して悖《もと》らざるものであるから、時代《じだい》時代《じだい》に応《おう》じたもの即《すなわ》ち精神文明《せいしんぶんめい》や物質文明《ぶっしつぶんめい》の成長《せいちょう》に一致《ち》したものであることは勿論《もちろん》、常《つね》に時代《じだい》に先《さき》んじて指導《しどう》する権威《けんい》があるのです。何故《なぜ》なれば真《しん》の教《おしえ》は即《すなわ》ち「皇道《こうどう》」(「惟神《かむながら》の大道《だいどう》」、「スサノオの道」)の伝達《でんたつ》であるから、物質文明《ぶっしつぶんめい》にせよ精神文明《せいしんぶんめい》にせよ正《ただ》しき進展《しんてん》は「皇道《こうどう》」の発揮《はっき》に副《そ》うからであり、また不良《ふりょう》なる社会相《しゃかいそう》は皇道《こうどう》に違反《いはん》した結果《けっか》であるからです。それで直言《ちょくげん》すれば、真《しん》の教《おしえ》は宗祖《しゅうそ》のみが偉大《いだい》なる神格者《しんかくしゃ》であるばかりでなく、後継者《こうけいしゃ》がやはり神《かみ》の伝達者《でんたつしゃ》として常《つね》に時代《じだい》を教《おし》うるを要《よう》する訳《わけ》であります。また真《しん》の教《おしえ》としては「徹底的《てっていてき》に神《かみ》の愛善《あいぜん》を説《と》く」のであるから、徒《いたず》らに罪《ざい》悪《あく》を説《と》き戒律《かいりつ》をきびしくし、また難行苦行《なんぎょうくぎょう》に重《おも》きを置《お》くのは間違《まちが》いです。

皇道大本《こうどうおおもと》が「天授《てんじゅ》の真理《しんり》」として生《い》ける真《しん》の教《おしえ》を伝達《でんたつ》する所《ところ》であることは、既《すで》に序《じょ》をおって述《の》べたところです。

(三) 慣……天人道の常

「慣性《かんせい》はものゝ性質《せいしつ》のこと」であって、性質《せいしつ》に適《てき》した役目《やくめ》または本分《ほんぶん》に順応《じゅんのう》する天《てん》賦《ぷ》的《てき》の意志《いし》という意味《いみ》であります。それで「慣《かん》」は「天道人道《てんどうじんどう》の常経《じょうけい》(＝常に変わらない法則)」であって、天道《てんどう》というのは要《よう》するに神《かみ》の力徳《りきとく》の発動《はつどう》であり、人道《じんどう》というのは天道《てんどう》が人《ひと》によって行《おこな》われることです。

一例《れい》をあげると、樹木《じゅもく》の生成《せいせい》……これは天道《てんどう》であり、これを伐採《ばっさい》して柱《はしら》となし板《いた》となし、或《ある》いは種々《しゅじゅ》の製品《せいひん》となすのが人道《じんどう》です。

慣性《かんせい》は国土《こくど》にも動植物《どうしょくぶつ》にも皆《みな》あるのですが、人間《にんげん》でいえば君臣《くんしん》（義《ぎ》）、父子《ふし》（親《しん》）、夫婦《ふうふ》（別《べつ》）、長幼《ちょうよう》（序《じょ》）、朋友《ほうゆう》（信《しん》）の間《あいだ》の「五倫《りん》の道《みち》」、そして仁《じん》・義《ぎ》・礼《れい》・智《ち》・信《しん》の「五常《じょう》の道《みち》」というような人間《にんげん》として有《も》って生《う》まれた神性《しんせい》であり、当然守《とうぜんまも》るべき道《みち》です。そしてこれは時代《じだい》や地方《ちほう》や或《ある》いは民族《みんぞく》によって根本的《こんぽんてき》に差異《さい》があるものではないのです。

すべての慣性《かんせい》、就中人間《なかんづくにんげん》としての慣性《かんせい》を明《あき》らかにしこれを助長《じょちょう》し善導《ぜんどう》して行《ゆ》くことによって人生《じんせい》の本分《ほんぶん》を尽《つく》さしむるのは、実《じつ》に宗教家《しゅうきょうか》や教育家《きょういくか》の職責《しょくせき》です。

(四) 造……適宜の事務

造《ぞう》は適宜《てきぎ》(=丁度よく適している。その時々に応じて、各自がよいと思うようにする。)の事務《じむ》であって、実業家《じつぎょうか》の職責《しょくせき》です。人《ひと》は皆《みな》それ相応《そうおう》の天職使命《てんしょくしめい》をもって生《うま》れているので、天職《てんしょく》というのは総《すべ》ての人《ひと》に共《きょう》通《つう》している、「天地経綸《てんちけいりん》の司宰者《しさいしゃ》」としての仕事《しごと》であり職業《しょくぎょう》というのはやはり利用厚《りようこう》生《せい》(=生活を豊かにする。)、生成化育《せいせいかいく》の道《みち》に従《したが》いながら生活《せいかつ》のためにする世間的《せけんてき》な仕事《しごと》なのです。要《よう》するに「造《ぞう》」は慣性《かんせい》の活用《かつよう》であって、人間《にんげん》の外面的生涯《がいめんてきしょうがい》を完《まっと》うするための手段方《しゅだんほう》法《ほう》として、所謂《いわゆる》「士《し》・農《のう》・工《こう》・商《しょう》」に従事《じゅうじ》することですから、これを正《ただ》しく勤《つと》めることは間接的《かんせつてき》に天職《てんしょく》を尽《つ》すことゝなるのです。

それで欲《よく》を離《はな》れた別天地《べってんち》に住《す》み、或《あ》るいは霊的《れいてき》の生涯《しょうがい》を送《おく》るとて世間的業務《せけんてきぎょうむ》を斥《しりぞ》ける隠遁生活《いんとんせいかつ》は、神《かみ》の道《みち》より見《み》れば決《けっ》してよいことではないのです。

四、大本四大主義

皇道大本《こうどうおおもと》四大主義《だいしゅぎ》は実践躬行《じっせんきゅうこう》の心得《こころえ》であり、真神《しんしん》に絶対帰依《ぜったいきえ》して四大綱領《だいこうりょう》の中《なか》に安住《あんじゅう》し、四大主義《だいしゅぎ》によって行動《こうどう》することが、天界《てんかい》の不文律《ふぶんりつ》（＝文章によって制定されることのない規律や慣習。）であると神示《しんじ》されているのです。

（一）清潔主義《せいけつしゅぎ》………心身修祓《しんしんしゅうばつ》の大道《だいどう》
（二）統一主義《とうしゅぎ》………上下一致《しょうかち》の大道《だいどう》
（三）楽天主義《らくてんしゅぎ》………天地惟神《てんちかむながら》の大道《だいどう》
（四）進展主義《しんてんしゅぎ》………社会改造《しゃかいかいぞう》の大道《だいどう》

前《まえ》にも述《の》べた如《ごと》く、日本《にほん》は昔《むかし》から「皇道《こうどう》」が不文律《ふぶんりつ》に行《おこな》われ、こゝに優秀《ゆうしゅう》なる国《こく》民性《みんせい》が涵養《かんよう》されたのですから日本民族《にほんみんぞく》が神《かみ》に対《たい》する感情《かんじょう》は最《もつと》も深《ふか》く正《ただ》しく、「四大《だい》綱領《こうりょう》」においても祭《まつり》と教《おしえ》とは万国無比《ばんこくむひ》であり、「四大主義《だいしゅぎ》」もまた驚《おどろ》くべき程度《ていど》において行《おこな》われて来《き》たのです。以下《いか》この事実《じじつ》を挙《あ》げて対照的《たいしょうてき》に述《の》べることゝ致《いた》します。

（一）清潔主義……心身修祓の大道

清潔主義《せいけつしゅぎ》とは、身《み》も魂《たましい》も常《つね》に清浄潔白《しょうじょうけつぱく》に努《つと》めること。清潔《せいけつ》とは神《かみ》を対照《たいしょう》として身《み》の垢《あか》や心《こころ》の汚《よご》れを祓《はら》い清《きよ》めること。身《み》の垢《あか》は湯水《ゆみず》などで清《きよ》めるのですが、心《こころ》の汚《よご》れは神《かみ》の光《ひかり》（真《しん》）と熱《ねつ》（愛《あい》）による外《ほか》に清《きよ》める方法《ほうほう》はないのです。

新陳代謝《しんちんたいしゃ》は天地《てんち》の自然現象《しぜんげんしょう》であって、清潔《せいけつ》の大法則《だいほうそく》です。即《すなわ》ち日月《にちげつ》の光熱《こうねつ》や雨風《あめかぜ》などによって大気《たいき》や土地《とち》は絶《た》えず清潔《せいけつ》にされていますが、宇宙意志《うちゅういし》の発現《はつげん》としてこれを「祓戸神《はらいどがみ》」の働《はたら》きというのです。

小宇宙《しょううちゅう》たる人間《にんげん》の肉体《にくたい》も同様《どうよう》のはたらきの下《もと》に、呼吸《こきゅう》により血行《けっこう》により、また排泄《はいせつ》によって新鮮《しんせん》の養分《ようぶん》を採《と》り入《い》れると同時《どうじ》に、陳旧《ちんきゅう》（＝古いもの。）の汚物《おぶつ》を排除《はいじょ》しているのですが、霊体不可分《れいたいふかぶん》（＝霊と体を分けることが出来ない。）であるから心《こころ》もまた同様《どうよう》のはたらきの下《もと》に清潔《せいけつ》が行《おこな》われるのです。湯上《ゆあが》りにはサッパリした気分《きぶん》になり、善《よ》いことをした時《とき》には愉快《ゆかい》になるのは常《つね》に経験《けいけん》するところです。

それで「清潔主義《せいけつしゅぎ》」は神《かみ》を対照《たいしょう》として一身《しん》一家《か》の「小潔斎《しょうけっさい》」から、一地方《ちほう》一国《こく》の「中潔斎《ちゅうけっさい》」に及《およ》ぼすことが、世界宇宙《せかいうちゅう》の「大潔斎《だいけっさい》」に資《し》することゝなるのです。人《ひと》が天地経綸《てんちけいりん》の司宰者《しさいしゃ》である以上《いじょう》、この位《くらい》の覚悟《かくご》を有《も》っても決《けっ》して誇大妄想《こだいもうそう》ではありませぬ。

日本人《にほんじん》は定評《ていひょう》ある如《ごと》く、体的《たいてき》には世界《せかい》一の清潔家《せいけつか》であり、古《いにしえ》から「太祓《おおはらい》」なる神《しん》事《じ》が毎年国家的《まいとしこっかてき》に行《おこな》われて来《き》たのであり、祓《はら》い玉《たま》へ清《きよ》め玉《たま》への言霊《ことたま》が簡明《かんめい》に「清潔主《せいけつしゅ》義《ぎ》」を立証《りっしょう》し、詩人《しじん》は元是神州清潔《もとこれしんしゅうせいけつ》の民《たみ》と讃美《さんび》しています。

(二) 統一主義……上下一致の大道

統《とう》一主義《しゅぎ》は上下《しょうか》一致《ち》の大道《だいどう》です。上下《しょうか》一致《ち》ということは決《けっ》して無差別平等《むさべつびょうどう》を意味《いみ》したものではないのです。

すべて物《もの》には中心《ちゅうしん》があって全体《ぜんたい》を統《とう》一している個々《ここ》の部分《ぶぶん》は、それぐ働《はたら》きが異《こと》なっているから一々差別階級《いちいちさべつかいきゅう》があるので、中心《ちゅうしん》に統《とう》一される上《うえ》においては、全部《ぜんぶ》が一致《ち》して中心《ちゅうしん》に帰向《きこう》しているのです。それで「統《とう》一主義《しゅぎ》」はまた「中心帰向主義《ちゅうしんきこうしゅぎ》」

となるのです。

「統《とう》一主義《しゅぎ》は真理《しんり》のあらわれ」であるから、日月星辰《にちげつせいしん》の如《ごと》き極大世界《きょくだいせかい》においても、極小世界《きょくしょうせかい》における細胞《さいぼう》や電子《でんし》などの如《ごと》きも、それぐ中心《ちゅうしん》に統《とう》一され、更《さら》に更《さら》に大《だい》なる中心《ちゅうしん》に統《とう》一されているのであって各星座《かくせいざ》も電子《でんし》も究極《きゅうきょく》は宇宙意志《うちゅういし》即《すなわ》ち「真神《しんしん》に統《とう》一」されているのです。

まして「天地経綸《てんちけいりん》の司宰者《しさいしゃ》」たるべき人類《じんるい》は、「真神《しんしん》に帰向《きこう》すべき」は勿論《もちろん》ですが、一面《めん》において、上下《しょうか》一致《ち》してそれぐの国家《こっか》に帰向《きこう》し、家族《かぞく》は一致《ち》して家長《かちょう》に帰向《きこう》する等《とう》、秩序《ちつじょ》を経《へ》てこそ初《はじ》めて真《しん》の統《とう》一和合《わごう》が成立《せいりつ》するのです。たゞこの際《さい》どこまでも一貫《かん》した肝要事《かんようじ》は、統《とう》一する人《ひと》も統《とう》一される人々《ひとびと》も必《かなら》ず真神《しんしん》に帰向《きこう》する心《こころ》を以《もっ》てすることです。

世界《せかい》の中心国《ちゅうしんこく》に生《う》まれた日本人《にほんじん》は、前《まえ》に「皇道《こうどう》と天皇《てんのう》」、「皇道《こうどう》と日本人《にほんじん》」と題《だい》して述《の》べた意義《いぎ》において、皇室中心帰向主義《こうしつちゅうしんきこうしゅぎ》により愛善《あいぜん》の心《こころ》をもって全人類《ぜんじんるい》に接《せっ》することの必然《ひつぜん》あるべきを痛感《つうかん》すると同時《どうじ》に、世界《せかい》の現状《げんじょう》が各国《かっこく》ともに日本《にほん》を焦点《しょうてん》として行《こう》動《どう》するようになった意義深《いぎふか》いことに気《き》が付《つ》くのです。昔《むかし》から「統《とう》一主義《しゅぎ》」が日本《にほん》に行《おこな》われた事実《じじつ》を調《しら》べてみますと、

（1）日本国民《にほんこくみん》は秩序的《ちつじょてき》、統《とう》一的思想《てきしそう》に富《と》んでいて、上下君臣等《しょうかくんしんとう》の階級的信念《かいきゅうてきしんねん》が極《きわ》めて牢固《ろうこ》であること。

（2）日本《にほん》の国民道徳《こくみんどうとく》は敬神崇祖《けいしんすうそ》の信念《しんねん》より出発《しゅっぱつ》していること。

（3）日本《にほん》の国民道徳《こくみんどうとく》は世界無比《せかいむひ》の家族主義《かぞくしゅぎ》を成就《じょうじゅ》していること。

（4）日本人《にほんじん》は皇室中心帰向主義《こうしつちゅうしんきこうしゅぎ》において、活躍《かつやく》する時《とき》その全能力《ぜんのうりょく》が発揮《はっき》さるゝこと。

（5）日本人《にほんじん》は政権《せいけん》や内訌《ないこう》のために争《あらそ》うていても、対外関係等《たいがいかんけいとう》、国家《こっか》の大事《だいじ》に際《さい》しては直《ただ》ちに挙国《きょこく》一致《ち》に出《い》づること。

などが主《おも》なる事実《じじつ》であります。国運発展《こくうんはってん》に伴《ともな》い益々《ますます》多事多端《たじたたん》となりつゝある今日《こんにち》ですから、より以上《いじょう》「統《とう》一主義《しゅぎ》」を完《まっと》うすることに努《つと》めねばなりませぬ。

（三）楽天主義……天地惟神の大道

「楽天主義《らくてんしゅぎ》」とは陽気《ようき》な心《こころ》で楽《たの》しんで暮《くら》すこと、刹那々々《せつなせつな》に最善《さいぜん》を選《えら》んで行動《こうどう》する主義《しゅぎ》です。過去《かこ》のことを徒《いたず》らに悔《くや》む過越《すぎこ》し苦労《くろう》と、分《わか》りもしない未来《みらい》について無用《むよう》の心配《しんぱい》をする取越《とりこ》し苦労《くろう》をしない主義《しゅぎ》です。

どうしたらこうした「楽天主義《らくてんしゅぎ》」になれるかといえば、一切《さい》を神《かみ》にお任《まか》せすることによってのみこの境地《きょうち》に入《い》ることが出来《でき》るのです。元来《がんらい》この世《よ》の中《なか》は「言霊《ことたま》の天照《あまて》る国《くに》、言霊《ことたま》の幸《さち》わう国《くに》、言霊《ことたま》の助くる国《くに》」といって、喜《よろこ》べば喜《よろこ》びごとが出来《しゅったい》し悲《かな》しめば悲《かな》しいことを招来《しょうらい》するように造《つく》られております。それでもって生《うま》れた愛善《あいぜん》の神性《しんせい》を助《じょ》長《ちょう》して笑《わら》いの門《かど》を開《ひら》き喜《よろこ》びの道《みち》をつくり、万事《ばんじ》を善《よ》い方《ほう》へ見直《みなお》し聞直《ききなお》し、詔直《のりなお》すのが「惟神の道《かむながらのみち》」であります。ですから「楽天主義《らくてんしゅぎ》」は神《かみ》に絶対信仰《ぜったいしんこう》しなくては出来得《できえ》ない。普通見《ふつうみ》るところの楽天家《らくてんか》や呑気者《のんきもの》や、享楽主義《きょうらくしゅぎ》、刹那主義《せつなしゅぎ》などとは根本《こんぽん》から相《そう》違《い》しているのです。

大本《おおもと》が「天国《てんごく》は昇《のぼ》り易《やす》く地獄《じごく》は堕《お》ち難《がた》し」と唱《とな》えて徹底《てってい》した「楽天主義《らくてんしゅぎ》」であることは、他《た》の教《おしえ》に比《ひ》して特異《とくい》な点《てん》の一つです。この世《よ》を苦界《くかい》と呪《のろ》い、穢土《えど》とけなし、罪《ざい》悪《あく》とか懺悔《ざんげ》とかくどくどしく説《と》いて、人心《じんしん》を恐喝《きょうかつ》し神性《しんせい》を委縮《いしゅく》させていては何時《いつ》までも地獄相《じごくそう》を脱《だっ》することは出来《でき》ません。

日本人《にほんじん》は昔《むかし》から快活的《かいかつてき》、現世的感情《げんせてきかんじょう》の持主《もちぬし》で、中古以降外教《ちゅうこいこうがいきょう》が次々《つぎつぎ》に輸入《ゆにゅう》されたにもかかわらず、左程破壊《さほどはかい》されずに今日《こんにち》に至《いた》っております。

(四) 進展主義……社会改造の大道

「進展主義《しんてんしゅぎ》」は積極的《せっきょくてき》な進歩発展《しんぽはってん》の主義《しゅぎ》です。自然現象《しぜんげんしょう》の活動《かつどう》を見《み》ても分《わか》るように、宇宙間《うちゅうかん》には毫《ごう》も逆転退歩《ぎゃくてんたいほ》ということが無《な》い。生成化育《せいせいかいく》、進歩発展《しんぽはってん》は神《かみ》の御心《みこころ》です。それで、人《ひと》は神《かみ》の御心《みこころ》に神習《かむなら》って国家《こっか》の発展《はってん》、社会《しゃかい》の進歩《しんぽ》のために間断《かんだん》なく邁進《まんしん》することが必要《ひつよう》です。

現代《げんだい》は積極的活動《せっきょくてきかつどう》のためには、一にも金《かね》、二にも金《かね》であるということになっていますが、「皇道大本《こうどうおおもと》」では、一、度胸《どきょう》　二、度胸《どきょう》　三、度胸《どきょう》　四、人物《じんぶつ》　五、金《かね》と称《とな》えています。この度胸《どきょう》は恩頼《みたまのふゆ》といって神格《しんかく》の流入《りゅうにゅう》のみにより、正《ただ》しい大《おお》きい度胸《どきょう》が得《え》られのである。草木《そうもく》が光明《こうみょう》に向《むか》った方《ほう》の枝葉《しよう》が繁茂《はんも》しているのと同様《どうよう》、人《ひと》は神《かみ》に向《むか》うことによって加護《かご》をいたゞくのです。そしてこの方針《ほうしん》で万事《ばんじ》を進展的《しんてんてき》に行《や》れば、たとえ一時《じ》失敗《しっぱい》したようであっても、やがてそれが幾倍《いくばい》の景気《けいき》をもって好転《こうてん》して来《く》るものです。

日本人《にほんじん》は惟神《かむながら》に、発展的《はってんてき》、膨張的《ぼうちょうてき》の性格《せいかく》をもっています。神々《かみがみ》の御神業《ごしんぎょう》や歴代陛下《れきだいへいか》の御事績《ごじせき》は勿論《もちろん》これに伴《ともな》う我祖先達《わがそせんたち》の奉仕《ほうし》ぶりはたゞ発展膨張《はってんぼうちょう》あるのみでした。

日本《にほん》が今日《こんにち》の地位《ちい》に上《のぼ》ったのは、一つはこうした「進展主義《しんてんしゅぎ》」の結果《けっか》です。昔《むかし》ローマ人《じん》、今《いま》のドイツ人《じん》もまた発展的性格《はってんてきせいかく》の持主《もちぬし》でした。従《したが》って一時《じ》（ローマ王政《おうせい》はこの時既《ときすで》に亡《ほろ》んでいた）は、世界《せかい》を統一《とういつ》するものは日本人《にほんじん》かドイツ人《じん》であるといわれた程《ほど》でしたが、彼等《かれら》には統一《とういつ》思想《しそう》が不足《ふそく》していた上《うえ》に、ドイツは蹉跌《さてつ》（＝つまずく事。）してしまったから、今《いま》は日本人《にほんじん》が世界《せかい》から嘱目《しょくもく》（＝注目。）の的《まと》となっているのです。

皇道大本教義の主要点

以上概略《いじょうがいりゃく》でありましたが、「皇道大本教義《こうどうおおもときょうぎ》」の主要点《しゅようてん》を述《の》べ終《お》わりました。これを要《よう》するに「皇道大本《こうどうおおもと》」の信仰《しんこう》は、

第一《だいいち》、我等《われら》は天之御中主大神《あめのみなかぬしのおおかみ》が、一霊《れい》四魂《こん》、三元《げん》八力《りき》の大元霊《だいげんれい》にして無限絶対《むげんぜったい》、無始《むし》無終《むしゅう》に宇宙万有《うちゅうばんゆう》を創造《そうぞう》し給《たま》う、全《ぜん》一大祖神《だいそしん》に坐《まし》ますことを信奉《しんぽう》する。

第《だい》二、我等《われら》は天照皇大神《あまてらすすめおおかみ》が、全《ぜん》一大祖神《だいそしん》の極徳《きょくとく》を顕現《けんげん》せられ、遍《あまね》く六合《りくごう》（＝全大宇宙。）に照臨《しょうりん》し給《たま》う、至尊至貴《しそんしき》の大神《おおかみ》に坐《まし》ますことを信奉《しんぽう》する。

第《だい》三、我等《われら》は皇孫命《すめみまのみこと》が天照皇大神《あまてらすすめおおかみ》の御神勅《ごしんちょく》により、豊葦原《とよあしはら》の中津国《なかつくに》（＝日本）に天《てん》壌無窮《じょうむきゅう》の宝祚《ほうそ》（＝宝の位。）を樹立《じゅりつ》し給《たま》い、世界統《せかいとう》一の基礎《きそ》を確立《かくりつ》し給《たま》えることを信《しん》奉《ぽう》する。

第《だい》四、我等《われら》は皇上陛下《こうじょうへいか》が、万世《ばんせい》一系《けい》（＝天皇家の血統が有史以来続いていること。）の皇統《こうとう》を継承《けいしょう》せられ、惟《かむ》神《ながら》に主《しゅ》・師《し》・親《しん》の三徳《とく》を具《そな》えて、世界《せかい》を知《し》ろし召《め》される至尊至貴《しそんしき》の現人神《あらひとがみ》に坐《まし》ますことを信奉《しんぽう》する。

第《だい》五、我等《われら》は丹波国綾部《たんばのくにあやべ》本宮《ほんぐう》が、金甌無欠《きんおうむけつ》（＝国が強く戦いに負けたことがない。）の皇道《こうどう》を世界《せかい》に宣揚《せんよう》する、神定《しんてい》の大本霊場《おおもとれいじょう》たることを信奉《しんぽう》する。

第《だい》六、我等《われら》は国祖《こくそ》大国常立命《おおくにとこたちのみこと》が天照皇大神《あまてらすすめおおかみ》の神旨《しんし》を奉戴《ほうたい》して、世《よ》の立替《たてかえ》、立直《たてなお》しを遂行《すいこう》し宇内《うだい》の安寧秩序《あんねいちつじょ》を確立《かくりつ》し給《たま》う、現界神界《げんかいしんかい》の大守神《だいしゅじん》に坐《まし》ますことを信奉《しんぽう》する。

第《だい》七、我等《われら》は豊雲野尊《とよくもぬのみこと》が、国祖《こくそ》の大神業《だいしんぎょう》を継承《けいしょう》し、至仁至愛《しじんしあい》の全徳《ぜんとく》を発揮《はっき》し給《たま》う、「更生主神《こうせいすしん》」に坐《まし》ますことを信奉《しんぽう》する。

第《だい》八、我等《われら》は国祖大国常立尊《こくそおおくにとこたちのみこと》が開祖《かいそ》の手《て》を通《とお》して至純至粋《しじゅんしすい》の『神諭《しんゆ》』を降《くだ》し、天地《てんち》惟神《かむながら》の大道《だいどう》を啓示《けいじ》し給《たま》い、私《わたくし》は国祖《こくそ》の神示《しんじ》されたる神人愛《しんじんあい》と、世界平和《せかいへいわ》を実現《じつげん》する使命《しめい》あることを信奉《しんぽう》する。

第《だい》九、我等《われら》は『大本神諭《おおもとしんゆ》』の垂示《すいじ》に依《よ》り、敬神《けいしん》、尊皇《そんのう》、報国《ほうこく》の実行《じっこう》を期《き》するは、皇国《こうこく》臣民《しんみん》たるものゝ天職《てんしょく》たることを信奉《しんぽう》する。

第《だい》十、我等《われら》は各自《かくじ》の肉体《にくたい》が神《かみ》の容器《ようき》にして天地経綸《てんちけいりん》の衝《しょう》に当《あた》るべきものなれば、常《つね》に霊体一致《れいたいいっち》の天則《てんそく》に従《したが》い、以《もっ》て神国《しんこく》の成就《じょうじゅ》を期《き》すべき使命《しめい》あることを信奉《しんぽう》する。

第《だい》十一、我等《われら》は天地《てんち》の祖神《そしん》を奉斎《ほうさい》し、感謝祈願《かんしゃきがん》の誠《まこと》を尽《つく》して心身《しんしん》の邪気《じゃき》を払拭《ふっしょく》し、天《てん》賦《ぷ》の真心《まごころ》に復《かえ》り、神業《しんぎょう》に奉仕《ほうし》する時《とき》は、尊《とうと》き神格《しんかく》に充《み》たされて、生《い》きては地上《ちじょう》の真人《しんじん》となり死《し》しては天上《てんじょう》の天人《てんにん》として永遠《えいえん》の生命《せいめい》を享受《きょうじゅ》し得《え》らるゝことを信奉《しんぽう》する。

第《だい》十二、我等《われら》は各地《かくち》の産土神《うぶすながみ》と、各家《かくけ》の祖霊《それい》及《およ》び各人《かくじん》に賦与《ふよ》せられた守護人《しゅごじん》との保護《ほご》指導《しどう》によりて、心身《しんしん》の健全《けんぜん》を保有《ほゆう》し、又祈願《またきがん》の透徹《とうてつ》を期《き》し得《う》ることを信奉《しんぽう》する。

（『皇道大本の信仰』終）

昭和九年五月十二日印刷
昭和九年五月十六日發行
日本宗教講座
第五回配本

編纂人　東方書院
代表者　三井晶史
發行兼印刷人　渡邊義彦
東京市小石川區久堅町一〇八
印刷所　共同印刷株式會社
代表者　君島潔
東京市京橋區木挽町二ノ四
發行發賣所　有隣書院
電話京橋六六五四
振替東京二三四八

【附　言】

本書は昭和十年十二月八日の第二次大本弾圧事件(出口聖師二四三五日間収監される。)の一年半前、昭和九（1934）年五月に発行されている。

この年七月二十二日には「国家維新」（＝挙国更生）をスローガンに「昭和神聖会」が東京九段の「軍人会館」で発会式をあげる。この神聖会は、皇道宣揚、大家族精神、国防、農村救済などを全国的に呼び掛け大きな成果を挙げていた。しかし出口聖師の考える人類愛善的思想が曲解されたのか、神聖会運動が白熱化すると政治運動化の色彩が濃くなり、当局から天皇をたてた危険な社会運動と睨まれるようになる。神聖会には華族、政治家、実業家、右翼団体の指導者など各界の有力者が参加し、精神的人類愛善会的な統一が難しかった様です。

（一）皇道の意義

さて本書について「皇道」という熟語がよく出てきます。この「皇道」について『世界更生』「特集・昭和神聖会」の中で出口三平氏は、

「例えば皇道という概念である。まだこの語源を調べる機会がないが、大正六年に初版が発行された『大字典』（講談社）にも「皇道」という熟語はなく、昭和七年に刊行された平凡社の『大百科事典』（全二七巻）にも項目がない。あまり使われていなかった言葉のようである。なお現在の『広辞苑』には「天皇の行う政道」と書かれている。

王仁三郎は、大正五年四月に教団名を「皇道大本」と称し、大正六年一月『神霊界』創刊号巻頭論文は「皇道と神道の区別」（本書85頁参照）と、皇道概念を全面に押し出していた。

「皇」の字は、白と王の合成であるが、本字は自と王の造成で、自は鼻を意味する。鼻は顔の尖端にあり、息をつかさどることから、「鼻祖《びそ》」（＝先祖、元祖、始祖の意。）とい

う言葉もあるように、一番最初の、一番大事な、ということを意味している。しかるに『古事記』などではスサノヲノミコトが「鼻になりませる神」であり、王仁三郎の中では「皇」はスサノヲであったこと、明治三十年代からスサノヲを救済神としていたことなどかも明らかに推察される。

「余は明治三十一年から皇道の宣布に専心努力を続けて来た。今日の神聖運動に比しては何一つ異なった処はない。新たに発表した神聖会の主義や綱領や宣言は、余が三十七年間に渡って大声叱呼しつつあったものである」（『神聖』昭和十年一月「随筆」）と一貫するものがあった。

また、各地の天王社や天皇社の祭神（＝牛頭天王）がスサノヲであることは明白であり、古来の日本は素盞嗚の国であった（『消された覇王』小椋一葉著）」と記される。

（二）皇孫命について

昭和十年十二月八日の第二次大本弾圧事件に至るまで朝夕奏上されていた「天津祝詞」や「神言」の祝詞文には、万世一系の「皇御祖《すめみおや》」、「皇親《すめらがむつ》」、「我皇御孫之命《あがすめみまのみこと》」などの『記紀神話』（延喜式）にもとづく用語が使われていた。

しかし昭和十七年八月七日に保釈出所され、昭和二十一年に「大本」を捨て「愛善苑」として新生出発すると、「皇御祖」「皇親」「我皇御孫之命」が掲載された旧祝詞を廃止して、物語第六十巻第四篇に収録された主神祝詞文そのままの使用を命じられ現在に至っている。

それまで大正昭和初期発行の物語第六十巻掲載の祝詞は、教典としてのみ密かに使用され、その祝詞の末尾には「（附言）（天津祝詞神言の二章は古代の文なれば現今使用せず）」と記され一般での使用を否定していた。しかし、戦後になってこの末尾のカッコ「（……古代の文なれば……）」を削除すると、旧祝詞本文の皇室崇拝祝詞から、教典通り教団は「主神信仰」に大転換する。

また、旧祝詞「感謝祈願詞《みやびのことば》」の文中に日本の国が軍備を調える「細矛千足の国」と記されていた。それが戦後の新生祝詞ではこれを削除し、みろくの祝詞に変更される。つまり、当時の天皇による大日本帝国から武備を撤廃し、民主主義の平和国家へと大変革されたことを意味するのだが……。

このように出口聖師の文献には両義性や多義性、時代背景が多々見受けられる。

(三)『大本神諭』

開祖・出口なおは明治二十六年から大正七年の昇天にいたる二十七年間神筆を揮い、半紙二十万枚の『筆先』を書かれたと云われる。この『筆先』を出口聖師が取捨按配され、大正六年二月に発行された『神霊界』誌に漢字交じりの『神諭』が掲載され大正十年四月まで連載されている。そして大正十年二月十二日の「第一次大本弾圧事件」以後は『神諭』の出版を自粛する。

『神霊界』に掲載された『神諭』には

①「『東京で仕組を駿河美濃尾張大和玉芝国々に、神の柱を配り岡山』天理、金光、黒住、妙霊、先走り、とどめに艮の金神が現はれて、世の立替を致すぞよ。世の立替のあるといふ事は、何の神柱にも判りて居れど、何うしたら立替が出来るといふ事は、判りて居らんぞよ。九分九厘までは知らしてあるが、モウ一厘の肝腎の事は、判りて居らんぞよ。……」

「からと日本の戦いがあるぞよ。此の戦は勝ち軍、神が蔭から、仕組が致してあるぞよ。神が表に現われて、日本へ手柄致さすぞよ。露国から始りて、モウ一つ戦があるぞよ。あとは世界の大たたかいで、是から段々判りて来るぞよ。……。」（「初発の神諭」明治二十五年正月、『神霊界』大正六年四月号掲載）

②「仁愛生成神《みろくさま》が、天の初発《はじまり》の御先祖さまであるぞよ。大国常立尊は地の先祖であるぞ

よ。『天は父であるぞよ。霊であるぞよ。火であるぞよ。地は水であるぞよ、母であるぞよ、體であるぞよ。』」（大正六年旧二月九日　出口なを　八十二歳、『神霊界』大正六年四月号掲載）

③

「出口なおは未だ此の世に出てからの苦労は、一番軽い苦労であるが、夫れでも是丈の苦労であるぞよ。昔の神代から罪の深い霊魂（＝稚姫君命）であるから、何遍も生替り死替り苦労をさしたのは、今度の御用に立てる神界の仕組であるから、今度は勤め上らねば、直の霊魂は神界から赦して貰えんのであるぞよ。……天の御三体の大神様の御許しを頂きて、三千世界を構う御役と成りたぞよ。丑寅の金神が稜威発揚《いつき》能神《のかみ》となりて守護在り出すと、世界の物事が激敷なりて、何彼の様子が変わるぞよ。……」（明治三十五年三月八日、『神霊界』大正六年五月号掲載）

④

「五六七神様《みろくさま》の霊は皆上島（＝高砂沖合の神島）へ落ちて居られて、未申《ひつじさる》の金神どの、素盞嗚尊と小松林の霊が、五六七神《みろくのかみ》の御霊で、結構な御用がさして在りたぞよ。ミロク様が根本の天の御先祖様であるぞよ。国常立尊は地の先祖であるぞよ。二度目の世の立替に就いては、天地の先祖がここまで苦労を致さんと、物事成就いたさむから、永い間苦労させたなれど、茲までに世界中が混乱《なる》ことが、世の元から能く判りて居りての経綸でありたぞよ。……天の御先祖様が世に落ちて御出ましたゆへ、地の世界の先祖も、世に落ちて居りたから、世界中が暗黒同様《くらやみどうよう》に化て了ふて、斯の世の立替いたすのには、中々骨が折れるなれども何彼の時節が参りたから、是から変性女子（＝出口聖師）の身魂を表に出して、実地の経綸を成就いたさして、三千世界の総方様へ御目に掛るが近よりたぞよ。」（「教祖神諭」大正五年旧九月九日、『神霊界』大正九年一月一日号掲載）

⑤「今度は二度目の天の岩戸を開くと申せば、日本の天皇陛下でも、お変わり遊ばす様に思うものもあろうが、ナカナカ、基んなことは、神は為さんぞよ。天津日嗣の御位は、幾千代までも、天照大神様の御血統故、ますます栄えますやうに、艮の金神が、

世界の事を知らして、日本人が日本の行為を致さして、神の国建てる日の本のみかどの光を、三千世界へ告げ知らし、外国から攻めて来て、サア敵《かな》はんといふ処で、神は誠の者を集めて、日本の国を護り大君の光を世界へ照らして、世界中一つに致して、日本の天皇様に服従はすやうに致すために、艮の金神が、三千年の昔から、苦労致した初まりであるから、……」（明治三十四年旧七月十五日、『神霊界』大正十年四月号掲載）

など沢山の『神諭』が発表されこれを「経の教典」と云われ預言警告を発する。『初発の神諭』に「天理、金光、黒住、妙霊、先走り、とどめに艮の金神が現はれて云々」と、宗教は時所位に応じて現われ、それぞれの時代を救って来られた。

○

物語「特別編」第一章「水火訓」には「国常立尊の大神霊は精霊界にまします稚姫君命の精霊に御霊を充たし、予言者国照姫（＝出口なお）の肉体に来らしめ、いわゆる大神は「間接内流」の方式に依って、過去現在未来の有様を概括的に伝達せしめ玉うたのが、一万巻の『筆先』となって現われたのである。」……「国照姫の肉体はその肉体の智慧証覚の度合いによって、救世主出現の基礎を造るべく、かつその先駆者として、神命のままに地上に出現されたのである。」

開祖出口なおの役目はヨハネの神業にあり、救世主出現への先駆者、基礎造り、予言者であり、仁義道徳の神律に意味がある。

(『神諭』の書物として、物語第六十巻第五編には『三五神諭』(その一〜六)などがある。「間接内流」について第四十八巻第一章「聖言」に解説あり。)

○

上記の④に「五六七神様《みろくさま》の霊は皆上島へ落ちておられ、未申(坤)の金神、素盞嗚尊と小松林の霊が、五六七神の御霊で、ミロク様が根本の天の御先祖様であり、国常立尊は地の先祖である。」との『筆先』(大正五年旧九月九日)が出たことにより、出口聖師がミロク様であることを知り、開祖は唇が紫色に変る程驚かれる。

つまり主神・神素嗚盞大神・ミロク様が瑞霊真如出口王仁三郎聖師であることを悟ることを「見真実」といい、開祖はこの時を以って「見真実」に入られたといい、それまでを「未見真実」という。

○

『天祥地瑞』第七十三巻「総説」には「三千大千世界の大宇宙を創造し給ひし大国常立の大神はウ声の言霊の御水火《みいき》より天之道立の神を生みたまひ、宇宙の世界を教へ導き給ひたるが、数百億年の後に至りて、稚姫君命の霊性の御霊代として尊き神人と顕現し、三千世界の修理固成を言依さし給ひ、またアの言霊より生り出でし太元顕津男の神の御霊も神人と現れ共に神業に励み給ひける。天の時茲に到りて厳の御霊稚姫君命は再び天津御国に帰り給ひ、厳の御霊（＝出口なお）の神業一切を瑞の御霊（＝出口聖師）に受け継がせ給ひける。ここに厳の御霊瑞の御霊の働きを合して伊都能売の御霊（出口聖師）と現れ、万却末代の教を固むる神業に奉仕せしめ給ひたるなり」。

「幽の幽」の大過去の世界が数百億年後に現界に現われる神様の経綸で、厳霊の神業は瑞の御霊に包含され、永久に続く神教が説示される。

○素盞嗚の神の御魂の宿りたるひと愛善の道伝へ行く　（『言華』上巻）

○伊都能売の神の御教は愛善の御国を開く玉の御鍵

○外国の諸の教にいや優り生きたる教は伊都能売の道

○わが身魂由来地上に現はるる時こそ弥勒の神代は生れむ　（『言華』下巻）

○伊都能売の神とあらはれ瑞霊となりて万事を吾は説くなり

大正時代に出版された『神霊界』誌上では、本当のことを書くと教団内部の事情もあり問題が起きるので、出口聖師の文献には密意が込められたものが多数掲載されている。

（＝『弥勒下生・出口王仁三郎』参照。）

（四）国防の真意義

本文「第二編・皇道大本大意＝八、非常時日本と国防運動＝では、「造物主の意志は必ずしも武力を備えて平和を維持せよという考えではないが、兎も角人間というものは余り完全に造られ、余りに自由を与えられているがために、それに増長して天地の御恩を忘れ、利己主義に走り、自己の発展のみを考えて他を顧みない獣性をもっています。……。神国が完全に樹立されるまでは、国を守る上において武器が必要です。武器を完全に備えることは国防の第一義であり、細矛千足の国の名に叶う所以です。……今日の日本としてはどうしても陸海軍の拡張、新式の武器、潜水艦等の必要を感じて来たのです。これらの武器の完備した国が世界に独立して憚《はばか》らず、圧倒されず、平和と幸福を確保することが出来るのです。……しかし、日本の建国の大精神、大理想はどこまでも「道義的統一」であって、

武力的統一でないことは申す迄もありません。」と示され、

また物語にも神素鳴盞大神様の教は「武器をもって征伐をおこなったり、侵略したり、他国を併呑するような体主霊従の教えではない。道義的に世界を統一する……」（『霊界物語』第十二巻第二二章「一嶋攻撃」）と、あるように「剣」は防衛のためのもので、その模範として「武道宣揚会」（会長・植芝盛平＝合気道の祖師）を設立している。

○

また、第十二巻第二一章「立花嶋」、第二三章「短兵急」、第二四章「言霊の徳」、第二五章「琴平丸」、第二六章「秋月皓々」、第二七章「航空船」などにも、血染め焼尽の神々に対して、神素鳴盞大神の御心を天之真名井の「誓約」により生れた三女神として表現し、武器を蓄え武術の訓練をしても「無抵抗主義」を指示する。この「無抵抗の抵抗」、これが一番強い抵抗となる。

そしてこれらの章は琵琶湖を天之真名井として東を天照大御神、西を素盞鳴尊に分かれ

る。この天之真名井は、三段の雛型として、小は「琵琶湖」、中を「日本海、太平洋」、大を「カスピ海」、つまり現在の日本と大陸、日本とアメリカ、そして中東方面を示唆しているようにも見受けられる。（本文80頁、『皇典釈義・素盞嗚尊と近江の神々』参照）

例えると欧米を金（かね）の国とすれば日本は木の国、アメリカを兄貴とすれば日本は小さな弟の差があるので喧嘩をすると日本は負ける。木と金をすり合わせばすりへってしまう。

東アジアでは、中国を土とすれば木が栄えるには土が必要で、日本と中国は本来一衣帯水、日本を神床とすれば中国はご神前に相応する。中国の天帝、天、テングリ、天仙理王、西王母、朝鮮半島白頭山（長白山）の壇訓、韓国の牛頭天王など素盞嗚尊を先祖神として崇敬している。因みにロシアは水に相応し、五風十雨の関係を保たないと大洪水を起こしかねないとか。南洋は火であるから南から攻めて来ると木は燃えて負ける。

この第十二巻の章は、三女神の活躍の他に、コーカス山（カフカース山）に立て籠る贅沢三昧の大気津姫（名位寿富は神が与えた正欲だが、限度が過ぎると体主霊従となる。）が追放され、元善神であったウラル彦、ウラル姫に長年月の間に邪霊が懸かり、コーカス周辺から南のアーメニヤ（アルメニア）、アフリカ北部にまで拡大して世を乱すことが記される。西洋と東洋の境、中東での紛争は軍備や軍事の力では治まらない政治的、経済的、宗教的に根深い複雑さが存在する。

○

また昭和五年、滋賀県（近江の国）を訪問された出口聖師は、琵琶湖の赤く変色した湖を見て、ユダヤと日本の竜神の争いによるものだから、ここが開けんと世界は開けん、宣伝歌を歌いながら琵琶湖を廻るように、と話したとも伝えられる。（江州はユダヤの型。）

○

満州事変後国防運動の高まりにより「防空」の重要性を説き、防空壕造りを提唱する。「日米開戦には、日本を空から攻撃すると述べ、昭和青年会は防空思想を喚起する「挙国防空」のパンフレットを発行するなど運動を展開し、昭和七年十一月から亀岡天恩郷に仮設の防空展覧会を開催したのを手始めに昭和十年秋までに国内各地で開き、さらに樺太、台湾、朝鮮、満州でも開かれた。防空展の開催は合計一九四カ所、入場者は延べ六〇万にのぼる。一方ではこの防空運動を通じ右翼団体との交流が進み愛国団体と見なされるようになった。」（『民衆の宗教・大本』学燈社刊行）

○

『人類愛善新聞』昭和七年五月中旬号に、民間飛行士の数について、米国一五、二八〇人、英国一、九五五人、仏国一、一〇〇人、伊国三五七人、独国八五七人、日本二五二人、米国は年々五、〇〇〇人づつ増えているとの記事がある。

また、六月下旬号には、「昭和青年会」に航空部が出来たことにより、綾部亀岡の中間に位置する胡麻郷村が愛善会の飛行場六万坪を挙村一致して、「人類愛善会」に設置の請願運動を起こしている。そして、この胡麻郷村以外に二～三の飛行場の候補地があったという。

○

「〈日を背負う〉　神軍の兵法は『古事記』の中に立派に各所に明記されてありますが、今日はただ泰西（西洋）の真似をしている戦法であるから役に立たぬ。今度仮に某国と戦うという時に今迄のようなやり方をしていては勝てぬのであります。今までに日清戦争や日露戦争に勝つことの出来たのは全く神明のご加護が第一、次には相手の敵が弱かったからである。今度の戦争を日露戦争などと同じに見ておってはとても勝つことは出来ませぬ。以前には日本を侮って、日本を指導開発しょうとした某国なども、今日では日本を侮れなくなって日本に対して万一の備えをしておる有様です。もし某国の飛行機が今日人戸密集の都会の空に来て爆弾を一つ落しても、五百間四方は忽ち燃えるのであるから、四つ五つも落されようものなら一辺にやられてしまう。それで向こうの飛行機とこちらの飛行機、向うの軍艦とこちらの軍艦と戦うのでは充分の勝利は認められない。これは所謂皇祖皇宗の御遺訓通りに日を背に負って戦えば、即ち御遺訓たる神軍の兵法に依りてやれば長髄彦《ながすねひこ》を討伐し、外国に勝つことが出来るのであります。」（『人類愛善新聞』昭和七年五月上旬号、『壬申日記』五の巻・昭和七年五月）

（五）吉岡発言

出口聖師が昭和二十年十二月十日から翌年一月六日まで、保養のために鳥取県吉岡温泉を訪れた際、朝日新聞記者に語った記事、

「預言的中火の雨が降るぞよ。新しき神道を説く出口王仁三郎翁」

【鳥取発】去る十年十二月八日大本教弾圧の際、検挙されてから本年九月八日解放されるまで十ケ年間沈黙していた大本教祖出口王仁三郎氏は七十五歳の衰えもみせず、獄中生活でかかった軽い神経痛の保養のため、いま鳥取市街吉岡温泉で静養している。敗戦日本の冷厳な姿がどう映じたか。神道の変革や信教の自由は……獄中生活の思い出をまじえて

語る同教祖の弁

自分は支那事変前から第二次世界大戦の終わるまで囲われの身となり、綾部の本部をはじめ全国四千にのぼった教会を全部叩き壊されてしまった。しかし信徒は教義を信じつづけて来たので、すでに大本教は再建せずして再建されている、ただこれまでのような大きな教会はどこにもたてない考えだ。

治安維持法違反は無罪となったが執行猶予となった不敬罪は実につまらぬことで『御光は昔も今も変わらぬが、大内山にかゝる黒雲』という浜口内閣時代の愚政をうたったのを持ちだし、これはお前が天皇になるつもりで信者を煽動した不敬の歌だ、といいだし、黒雲とは浜口内閣のことだといったがどうしても通らなかった。

自分はただ全大宇宙の統一融和を願うばかりに、日本の今日あることはすでに幾回も預言したが、そのため弾圧を受けた。火の雨が降るぞよ、のお告げも実際となって日本は敗けた。これからは神道の考え方が変わってくるだろう。国教としての神道がやかましくいわれているが、これは今までの解釈が間違っていたもので、民主主義でも神に変りがあるわけはない。

ただ本当の存在をわすれ、自分に都合のよい神社を偶像化して、これを国民に無理に崇拝させたことが日本を誤らせた。殊に日本の官国弊社の祭神が神様で無く唯の人間を祀っていることが間違いの根本だった。

しかし大和民族は絶対に亡びるものでない。日本敗戦の苦しみはこれからで、年毎に困難が加わり、寅年の昭和二十五年までは駄目だ。いま日本の軍備はすっかりなくなったが、これは世界平和の先駆者としての尊い使命が含まれている。本当の世界平和は全世界の軍備が撤廃したときにはじめて実現され、いまその時代が近づきつゝある。」（『朝日新聞』昭和二十年十二月二十八日）

（六）『真偽二道』「戦時下から終戦へ」（大国美都雄著）

「馬鹿《ばか》なことじゃ。ワシを押《お》し込《こ》めて戦争《せんそう》しても勝《か》てるものではない。天佑神助等《てんゆうしんじょなど》といっても、天佑《てんゆう》もなく神助《しんじょ》もない国《くに》になっている。そこに気《き》がつかん、為政者《いせいしゃ》の馬鹿《ばか》さ加減《かげん》だ。日本《にっぽん》は神国《しんこく》だというのなら、最初《さいしょ》から神国《しんこく》らしく立《た》ち上《あ》がるべきで、だまし打《う》ちをしたり、うぬぼれた兵《へい》の動《うご》かし方《かた》をしたり、正義《せいぎ》というものはどこにある。敗《ま》けかけて天佑《てんゆう》の国《くに》だと国民《こくみん》を踊《おど》らしても、そこにはうろたえた精神《せいしん》しかない。第《だい》一、天地《てんち》の主神《すしん》を祀《まつ》っている大本《おおもと》を叩《たた》きつぶし、ワシ等《ら》を獄屋《ごくや》に入《い》れておいてどうして勝《か》てるものか。万世《ばんせい》一系《けい》、皇統連綿《こうとうれんめん》の神国日本《しんこくにっぽん》も一応《おう》これで終《おわ》ったことになる。これから世《よ》は変《かわ》るであろう」

といってため息《いき》をついておられた。

以都雄（＝大本名・美都雄）は、敗戦は既に覚悟していたが、国体まで変革されるとは考えていなかった。………

（七）神は順序、宗教は時所位により現れる

主神・神素鳴盞大神（天之御中主神大神）の宇宙の経綸については複雑多義にわたる。神の概念は「宇宙の本源は活動力にして神なり、万物は活動力の発現にして神の断片なり」と示され、森羅万象悉く活動力が神であり、これを科学的といえば余りにも冷たく感じられるので神名が付けられている。その経綸には神霊界の理想世界の建設と、人間現実界の理想世界建設の二つがある。

「ヨハネ伝首章に曰く、太初に道（ことば）あり、道は神と偕《とも》にあり、道は即ち神なり。この道は太初に神と偕に在き。万物これに由り造らる、造られたる者に一つとして之に由らで造られしは無し」（『天祥地瑞』第七十三巻第一章「天の峰火夫神」）と言霊により天地が創造される。

これを『神典』では天地初発の時、高天原（全大宇宙・至大天球）に成り坐せる神は天

之御中主神、次に高皇産霊神（霊系・神漏伎の御祖神）、次に神皇産霊神（体系・神漏美の御祖神）は三神一体の三つの御霊、瑞の御魂、言霊学上神素盞嗚大神と奉称する。

神には、根元の過去から現在そして未来へと続く活動の順序があり、そして宗教は時・所・位により地上に出現する。人文が大きく発達した今日、宗教の教が伝わらなくなった時代を末法の世といい、過去現在未来に透徹した教を真の宗教という。

〇

「最上天界すなわち高天原には宇宙の造物主なる大国常立大神が、天地万有一切の総統権を具足して神臨したまうのであります。そして、大国常立大神のまたの御名を、天之御中主大神と称え奉り、無限絶対の神格を持し、霊・力・体の大原霊と現はれたまうのでありわます。この大神の御神徳の、完全に発揮されたのを天照皇大御神と称へ奉るのでありります。

そして霊の元祖高皇産霊大神は、一名《またのな》神伊邪那岐大神、またの名は、日の大神と称へまつり、体の元祖神皇産霊大神は、一名神伊邪那美大神、またの名は、月の大神と称へ奉るのは、この物語にてしばしば述べられてある通りであります。また高皇産霊大神は霊系にして、厳の御霊国常立大神と現はれ給い、体系の祖神なる神皇産霊大神は、瑞の御魂豊雲野大神、またの名は、豊国主大神と現はれ給うたのであります。

この厳の御魂は、ふたたび天照大神と顕現したまいて、天界の主宰神とならせ給いました。ちなみに、天照皇大御神様と天照大神様とは、その位置において、神格において、所主の御神業において、大変な差等のあることを考へねばなりませぬ。また瑞の御魂は、神素盞嗚大神と顕れ給い、大海原の国を統御遊ばす、神代からの御神誓であることは、『神典古事記』、『日本書紀』等によって明白なる事実であります。

しかるに神界にては、一切を挙げて一神の御管掌に帰し給い、宇宙の祖神大六合常立大《おおくにとこたちのおお》神《かみ》に絶対的神権を御集めになったのであります。ゆえに大六合常立大神は、独一真神にして宇宙一切を主管し給い厳の御魂の大神と顕現したまひました。

さて、厳の御魂に属する一切の物は、悉皆、瑞の御魂に属せしめ給うたのでありますから、瑞の御魂は即ち厳の御魂同体神ということになるのであります。ゆえに、厳の御魂を太《おお》元神《もとがみ》と称へ奉り、瑞の御魂を救世神または救いの神と称へ、または主《す》の神と短称するのであります。

ゆえにこの物語において、主の神とあるのは、神素盞嗚大神様のことであります。主の神は、宇宙一切の事物を済度すべく、天地間を昇降遊ばして、その御魂を分け、あるいは釈迦と現われ、あるいはキリストとなり、マホメットと化り、その種々雑多に神身を変じ給いて、天地神人の救済に尽させ給う仁慈無限の大神であります。しかして前に述べた通り、宇宙一切の大権は厳の御魂の大神すなわち太元神に属せる一切は、瑞の御魂に悉皆属されたる以上は、神を三分して考えることは出来ませぬ。つまり、心に三を念じて、口に一《いつ》ということはならないのであります。

ゆえに、神素盞嗚大神は、救世神ともいい、仁愛大神《みろくのおおかみ》とも申し上げ、撞《つき》の大神とも申し上げるのであります。」（『霊界物語』第四十七巻「総説」）

〇

神は順序である。神道、仏教、キリスト教、イスラム教について、出口王仁三郎聖師の宇宙神教『霊界物語』の中に「神儒仏耶・諸教の同根」（「万教同根」）として示される。また黒住教、金光教、天理教、妙霊、大本教にはそれぞれ出現された目的がある。

大本では開祖出口なおの昇天（大正七年十一月六日、数え八十三歳）を期して「神聖元年」と称する。そして大本の王仁ではなく、王仁の大本であり、従ってこの教は独り大本のものではなく諸教の中心となる。もちろん、各宗の教祖を尊ぶことはいうまでもありません。

〇

出口聖師は綾部の「黄金閣」の側に「迎賓館」を建設途中、開祖出口なおの昇天により、「迎賓館」を「教祖殿」と改名し神霊を鎮祭される。その神殿の中に天理教の中山みき教祖の神霊をも鎮祭されておられ、お二人に懸られた神様は、よく似た神様ではないかと推察されます。その証として『神霊界』大正七年五月十五日号、六月一日号、十五日号に「大本神諭と天理教神諭」と題して三回にわたり連載され、その内容がよく似ております。

(八)世界を変える「霊・力・体」の三元説

「今日までの既成宗教は霊界に偏し、現代の学説は現実界にかたより、特に哲学者は冥想的な推理論等に走り、何れも中庸《ちゅうよう》を得たものがない。そこで宗教は科学を馬鹿にし、科学は宗教を軽蔑している。而も今日既成宗教の総ては自ら唯心論的宗教の根本義を幾分軽視して科学に迎合する様になって来た。

例えばキリスト教の如き、その型の中にある奇跡なんかをなるべく口にせぬ教派もある。そうしてこの種の教派の方が所謂知識大衆に受け容れられる傾向があるので益々この風潮が高まって行くのである。奇跡を語れば今日の文明の世の中に馬鹿にされるからこれを避ける様になってしまった。キリスト教のみならず仏教の坊さん達も同様になって来た。

併しながら既成宗教において今までの奇跡を抜いたら残る所は何もない。教理の方面はみな後の人々が勝手に理屈をつけて並べ立てたのであって、深遠なる教典は主としてその奇跡に出発しているのであるから、それが無かったならば宗教というものは無い。この点が今日の既成宗教が通俗化してついに論理道徳の方便となってしまった主因である。

こういう世の中、即ち科学万能に堕して宗教が新生命を失った世の中に、宗教も生かし科学も生かし、すべて哲学に生命を与えるところの偉大なる大原則が樹立されねば、今日の思想の混乱を整理し指導する方法はないのである。

王仁の称える「愛善の道」は既成宗教の重きを置いた「霊」と近代科学の重きを置く「体」との間に奇跡的な「力」があって神秘的な結合作用をなすもので、この「力」こそ実に神から流れ来るもので、これを「神力」といい、「法力」と称えるのであって、この「霊・力・体」の「三元説」の大原則を樹立し、この原則に出発した「霊・体」の和合が行われねば「力」ある真理は成り立たないと信じるのである。

この大原則は王仁が神明のお導きに依って霊山高熊山に修業を命ぜられた時、素盞嗚尊様の命によって、小松林命様から神示を得、この「霊・力・体」の大原則の断案を発見したのである。今日までの如何なる学者も唱えたことのない天啓の大原則であって、これによって初めて一切の既成宗教の説と現代科学の説とが両立し、而もこの二者共に真生命を与えられることを覚ったのである。

これを更に解りやすくいえば男と女とは自ら「霊と体」とを具有しているが、今一つ神秘なる「力」が加わる時に子供が出来るのだ。

アインシュタインの相対性原理説では足らないものが一つある。その一つは実に宗教と科学とを結合し完成する所の「天啓の教理」であるのである。この「霊・力・体」の「三元説」を見出さなければ、地上に思想的争闘の絶えるはずはない。

今日所謂末世の相が日一日と濃厚にその悩みを深めて、精神的及び物質的行詰りの極に達して来たので、この機会に愛善道の根本義を説いて大方の考慮を煩わす次第です。」（『人類愛善新聞』「世界の行き詰まりを打開く　愛善道の根本義　既成宗教と現代科学と両つ乍ら真生命を得む」昭和七年五月上旬号、『壬申日記』第五巻）

科学と宗教の違いは、霊・力・体があるかどうか。科学には神霊の存在が欠けている。アインシュタインの原理説にしろ、近年解明されつつある素粒子理論、宇宙科学には、神霊を否定し、「宇宙の統一論」がないという大きな欠点がある。

皇道大本の根本目的は、世界大家族制度の実施実行であり、みろくの教は、娑婆即寂光浄土の真諦を説く。

大本草創期の開祖出口なお、王仁三郎については既刊、実録出口王仁三郎伝『大地の母』全十二巻（出口和明著）、事件前の記録は『歴史に隠された・躍動の更生時代』及び

『聖なる英雄のドキュメント』それに本書関連として、『古事記・言霊解』、『皇道大本とスサノオ経綸』、『神示の宇宙』、『龍宮物語』、『皇典釈義・素盞嗚尊と近江の神々』、『世界宗教統一』（みいづ舎編集）をご参照下さい。当時の出口聖師の躍動感が伝わって来ます。

本書『皇道大本の信仰』は、これら出版物の総合編です。

（みいづ舎編集）

皇道大本の信仰

初版発行　昭和　九　年五月　十六日（第一版）
復刻発行　平成二十七年三月二十二日（第一版）
　　　　　平成二十七年五月　十九日（第二版）

著　　者　出口王仁三郎

復刻編集　山口勝人

発　　行　みいづ舎
〒六二一－〇八五五
京都府亀岡市中矢田町岸ノ上二七－六
ＴＥＬ〇七七一－二一－二二七一
ＦＡＸ〇七七一－二一－二二七二
http://www.miidusha.jp/

ISBN978-4-908065-06-4 C0014